V&R

Fred Warnke

Der Takt des Gehirns

Das Lernen trainieren

Mit 21 Abbildungen, 6 Tabellen und einer CD

3., überarbeitete Auflage

Vandenhoeck & Ruprecht

Widmung zur dritten Auflage

Mein besonderer Dank gilt Professor Uwe Tewes von der Medizinischen Hochschule Hannover, der schon früh die Bedeutung der Ordnungsschwelle und der anderen Low-Level-Funktionen für das Trainieren des Lernens erkannte.

Bibliografische Information Der Deutschen Bibliothek

Die Deutsche Bibliothek verzeichnet diese Publikation in der Deutschen Nationalbibliografie; detaillierte bibliografische Daten sind im Internet über <http://dnb.ddb.de> abrufbar.

ISBN 3-525-46238-7

Umschlagabbildung: Alexander Calder, *Gibraltar*, 1936, Konstruktion aus Guajaholz, Walnuss, Stahlstäben und bemaltem Holz, 131,7 × 28,7 cm.

© 2006, Vandenhoeck & Ruprecht GmbH & Co. KG / www.v-r.de
Alle Rechte vorbehalten. Das Werk und seine Teile sind urheberrechtlich geschützt. Jede Verwertung in anderen als den gesetzlich zugelassenen Fällen bedarf der vorherigen schriftlichen Einwilligung des Verlages. Hinweis zu § 52a UrhG: Weder das Werk noch seine Teile dürfen ohne vorherige schriftliche Einwilligung des Verlages öffentlich zugänglich gemacht werden. Dies gilt auch bei einer entsprechenden Nutzung für Lehr- und Unterrichtszwecke. Printed in Germany. Schrift: Gesetzt aus der Minion
Satz: Satzspiegel, Nörten-Hardenberg
Druck und Bindung: Hubert & Co., Göttingen

Gedruckt auf alterungsbeständigem Papier.

■ Inhalt

Aus den Vorworten zur ersten und zweiten Auflage 9

Vorwort zur dritten Auflage 13

Vom Schwinden der Sinne 15
    Die Reizüberflutung 15
    Psychomotorische Störungen 19
    Die Entdeckung der Langsamkeit 21

Was ist überhaupt die »Ordnungsschwelle«? 23

Weshalb hat die Wissenschaft kaum darüber berichtet? 31

Wie wurde die Ordnungsschwelle früher gemessen? 33

Was sagt die Wissenschaft über die Ordnungsschwelle? 37
    Entdeckung der Taktfrequenz 37
    Aphasikertraining 40
    Feststellung der Altersabhängigkeit 46
    Autistentraining 47

Was bewirkt eine abweichende Ordnungsschwelle? 53
    Die Ordnungsschwelle und der Alltag 54
    Die Ordnungsschwelle und der erfolgreiche Schüler 58
    Die Ordnungsschwelle und der Intelligenzquotient 59
    Die Ordnungsschwelle und die Therapie 62
    Kinesiologie 66
        Vorstellung der beiden Fallbeispiele 66
        Grundsätzliche Betrachtungen 68

Übungen zur Koordination der Gehirnhälften 69
Ergebnisse 71
Lese-Rechtschreib-Schwäche 72
Aphasie 78
Stottern 81
Autismus 89

Wie können Sie Ihre Ordnungsschwelle feststellen? 99
Wir messen die visuelle und die auditive Ordnungsschwelle . . 99
Was versteht man unter »adaptiver Messung«? 103

Lässt sich die Ordnungsschwelle systematisch verbessern? 107
Der geschickte Kunstgriff: Das Sehen trainiert das Hören . . . 108

Ein Überblick über alle wichtigen Low-Level-Funktionen 111
Die visuelle Ordnungsschwelle 111
Die auditive Ordnungsschwelle 112
Das Richtungshören 113
Die Tonhöhenunterscheidung 116
Die auditiv-motorische Koordination: synchrones
Finger-Tapping 120
Die Wahl-Reaktions-Zeit: Choice-Reaction-Time 122
Der Frequenz-Muster-Test: Frequency-Pattern-Test 124
Der Zeit-Muster-Test: Duration-Pattern-Test 127

Der Nutzen des Trainings der Low-Level-Funktionen 131
Kognitive oder automatisierte Entscheidungen? 131
Lese-Rechtschreib-Probleme 132
Mentales Aktivierungstraining 134
Der Fall des Kurt M. 136
Die Schwerhörigkeit und der Cocktail-Party-Effekt 137
Aufmerksamkeits-Defizit-Syndrom 141
Der Fall Jannick B. 143

Der professionelle Einsatz in Forschung und Therapie . . . 145
Quasi-logarithmische Approximation 145
Sukzessive Approximation 146
Random-Methode 147

Inhalt

Klicks, Rauschbursts oder Sweeps? 147

Steckverbinder für externe Tasten 150

Veränderbare Lautstärke 150

Computer-Interface 151

Ausblick: Was können uns die Low-Level-Funktionen
künftig bringen? 153

Lösungen: Ihr Low-Level-Profil 155

Weiterführende Literatur 157

■ Aus den Vorworten zur ersten und zweiten Auflage

Kennen Sie die »innere Taktfrequenz« Ihres Gehirns? Wussten Sie überhaupt schon, dass Ihr Gehirn nicht ständig fließend arbeitet, sondern in einer Taktfolge wie ein Computer? Können Sie sich vorstellen, dass diese innere Taktfrequenz Ihres Gehirns im Hörbereich von der im Sehbereich abweicht? Würden Sie sich wünschen, die Taktfrequenz Ihres Gehirns in allen Bereichen eher spielerisch zu verbessern?

In unsere schnelllebige Welt dürfte nämlich in nächster Zukunft ein neuer Begriff einziehen, die »Ordnungsschwelle«. Im Englischen als »Order threshold« bezeichnet, hat dieses interessante Phänomen in der internationalen Wissenschaft bis vor kurzem ein »eher randständiges Dasein« gefristet, wie es einer ihrer deutschen Erst-Erforscher, Ernst Pöppel von der Ludwig-Maximilian-Universität zu München, unlängst formulierte. Tatsächlich hat sich jahrzehntelang weltweit nur eine Hand voll Wissenschaftler mit diesem Thema befasst. Neuere Untersuchungen des Autors lassen erwarten, dass sich dies bald ändern wird, ja dass diese Änderungen schon begonnen haben.

Seit mehreren Jahrzehnten befasse ich mich mit Problemen des Hörens im weitesten Sinne. Ganz im Anfang stand mein Versuch, möglichst vielen hörbehinderten Kindern zum Besuch einer Regelschule zu verhelfen. Etwa bis zum Jahr 1968 war es nämlich leider noch selbstverständlich, dass ein hörbehindertes Kind nur eine Sonderschule für Hörbehinderte besuchen konnte. Heute ist es ebenso selbstverständlich, dass ein hörbehinderter Schüler, sofern sein betreuender Arzt es für angezeigt hält, von der Krankenkasse eine so genannte »Drahtlose Mikroport-Anlage« finanziert erhält, mit deren Hilfe er seine Lehrer oft sogar besser versteht, als es seinen Mitschülern angesichts des Geräuschpegels in heutigen Schulklassen von etwa 50 dB(A) möglich ist. Die Idee für diese Lösung und ein gehöriger Teil ihrer Durchsetzung lagen in meinen Händen.

Danach habe ich mich den Problemen von Schülerinnen und Schülern mit Lese-Rechtschreib-Problemen zugewandt. Ich fand internationale wissenschaftliche Untersuchungen bestätigt, dass bei vielen von ihnen, wenn nicht sogar bei allen, die eigentliche Ursache ihrer Schwierigkeiten beim Erlernen und Beherrschen der Schriftsprache in der zentralen Hörverarbeitung begründet liegt. Sie haben zwar keine Hörprobleme im herkömmlichen Sinne, indem sie also »hörbehindert« wären, sondern die Umsetzung des Gehörten in etwas Verstandenes arbeitet bei diesen Kindern und auch Erwachsenen anders als bei Gutschreibenden und -lesenden. Ich erfand eine Möglichkeit, vielen dieser Kinder durch ein besonderes Hörverarbeitungs-Training zu einem leichteren und schnelleren Umgang mit Sprache zu verhelfen. Wer an Einzelheiten dieses Verfahrens interessiert ist, findet sie in meinem Buch »Was Hänschen nicht hört . . .«.

Schließlich habe ich mich mit dem Leiden von Menschen mit Ohrgeräuschen befasst, die auch als »Tinnitus« bezeichnet werden. Mit einem neuartigen Hörtraining konnte schon einem großen Teil der Betroffenen eine wesentliche Erleichterung bis zu vollständiger Abhilfe verschafft werden. Dieses Training beruht auf der Feststellung, dass Tinnitus fast immer in demjenigen Tonbereich auftritt, wo zuvor ein – oft unbemerkt gebliebener – Hörverlust entstanden ist. Nach meiner Annahme führt das dazu, dass im Gehirn die fehlenden Töne »erfunden« werden – ähnlich einem Phantomschmerz nach der Amputation von Gliedmaßen. Diese »Sehnsucht nach den verlorenen Tönen« erfüllt mein Hörtraining bei sehr vielen dieser Tinnitus-Leidenden.

Angesichts dieser Vorgeschichte wird es den Leser nicht verwundern, wenn ich hellwach wurde, als eine Sprachheilpädagogin mich auf den Begriff der »Ordnungsschwelle« aufmerksam machte, der auch mir bis dahin fremd gewesen war. Dieser Begriff hatte, so wurde mir recht bald klar, sehr viel mit der zentralen Verarbeitung von Sinnesreizen in unserem Gehirn zu tun. Nur schien er viel umfassender zu sein als meine gesamte bisherige Tätigkeit auf diesem Gebiet. Also begann ich zu prüfen, wie er in meine Vorerfahrungen hineinpassen würde und ob er vielleicht auch in neue Erfahrungen münden könnte.

Mehr als zehntausend vor allem junge Menschen haben sich seitdem das Test- und Trainingsgerät zum Messen und Verbessern der Ordnungsschwelle beschafft. Mehr als tausend Ergotherapeuten, Logopäden, Sprachheiltherapeuten, Sprachheilpädagogen, niedergelassene Ärzte und Universitätskliniken besitzen heute den professionellen Ordnungsschwellen-Assistenten und setzen das Testen und Trainieren der Ordnungsschwelle flankierend bei den unterschiedlichsten Auffälligkeiten vor allem im Bereiche der Laut- und Schriftsprache ein.

Im klinischen und im universitären Bereich sind die unterschiedlichsten Varianten zum Messen der Ordnungsschwelle erprobt worden und haben zu teilweise neuen und wichtigen Erkenntnissen geführt. Dabei hat sich vor allem die Kontextabhängigkeit des Ordnungsschwellenwerts, also die Veränderung des Augenblickswerts als Folge der jeweiligen Befindlichkeit des Probanden, in teilweise überraschender Deutlichkeit bestätigt. Dazu gehören auch die Dauer des Prüfablaufs und die Häufigkeit der Einzelaufgaben.

◼ Vorwort zur dritten Auflage

Standen in der ersten Auflage allein die visuelle und die auditive Ordnungsschwelle im Blickpunkt, kamen in der zweiten Auflage fünf weitere so genannte Low-Level-Funktionen hinzu. Aber es gab noch keine Normwerte, die es gestattet hätten, vor allem bei Kindern früh festzustellen, ob ihre reifungsbedingten Fortschritte in der Automatisierung dieser Funktionen auf das altersgerechte Niveau auch wirklich stattgefunden haben. Auch waren die Zusammenhänge zwischen der Ordnungsschwelle sowie den anderen Low-Level-Funktionen und der Leistungsebene auf den unterschiedlichsten Gebieten allenfalls an Einzelfallberichten festzumachen.

Die Aufforderung in beiden bisherigen Auflagen an Wissenschaftler und Therapeuten, sich mit der Ordnungsschwelle intensiver zu befassen, hat zu unterschiedlichsten Ergebnissen geführt. Die hoch signifikanten Auswirkungen eines soliden Trainings *sowohl* der Ordnungsschwelle *als auch* der übrigen Low-Level-Funktionen bis hinauf zur Rechtschreibebene wurden in einer Studie des Kultusministeriums Thüringen an drei Grundschulen empirisch nachgewiesen. Diese Studie steht in erfreulich positivem Gegensatz zu den Ergebnissen aller lerntheoretisch fundierten Therapien von Lese-Rechtschreib-Schwächen, die sich zumeist im Regeltraining erschöpfen. Daraus ist während der letzten Jahre ein breiter Einstieg vor allem von Familien mit leserechtschreibschwachen Kindern in das häusliche Training der Ordnungsschwelle und der anderen Low-Level-Funktionen entstanden.

Schließlich gibt es inzwischen weitere Studien, in denen der altersbedingte Abbau der Ordnungsschwelle und aller anderen Low-Level-Funktionen nachgewiesen wurde. Vieles deutet darauf hin, dass das Nachlassen der Hirnleistungen älterer Menschen in direktem Zusammenhang zu dem messbaren Nachlassen ihrer Low-Level-Funktionen stehen dürfte. Dass ein Training dieser Funktionen in jedem Lebensalter möglich ist, kann inzwischen auch als gesichert gelten. Es tun sich also ganz neue Möglichkeiten des Gehirnjoggings auf.

Deshalb sei dieses Vorwort mit dem Appell an alle Leser dieses Buches beschlossen, eigene bemerkenswerte Erfahrungen dem Autor zugänglich zu machen.

■ Vom Schwinden der Sinne

■ Die Reizüberflutung

Dieselbe Sprachheilpädagogin, der ich den Hinweis auf die Ordnungsschwelle verdanke, hatte mir auch davon berichtet, dass in ihrer Praxis seit einiger Zeit zunehmend Kinder erschienen waren, die sie – vielleicht etwas locker – als »Game-Boy-Opfer« bezeichnete: Manche dieser Kinder hatten wie aus heiterem Himmel zu stottern begonnen. Nach kurzer Prüfung kam sie zu dem Ergebnis, dass die Überflutung mit visuellen und auditiven Reizen, also mit Seh- und Hörreizen, bei diesen Video- und Computerspielen ohne die gleichzeitige Möglichkeit eines motorischen Ausgleichs seitens der so verbissen arbeitenden Kinder zu einem solchen emotionalen Stau führte, dass das Stottern nur *eine* Form des Abreagierens darstellte. Ihre erste therapeutische Maßnahme war ganz einfach: Sie bat die betroffenen Kinder, sie möchten ihr doch bis zur nächsten Therapiestunde ihren Game-Boy überlassen, damit sie ihn ebenfalls kennen lernen könne. Das erfreuliche Ergebnis war, dass die Symptome, also das Stottern, beim nächsten Besuch nach einer Woche schon deutlich nachgelassen hatten.

Aber das ist ja nicht alles an Reizüberflutung, was schon seit einigen Jahren an unsere heranwachsende Generation brandet. Schon im Jahr 1988 hat Hartmut Ising vom Institut für Wasser-Boden- und Lufthygiene des Bundesgesundheitsamts in Berlin eine Studie des Hörvermögens an 4.000 Jugendlichen in der Bundesrepublik durchgeführt. Bei ihrer Einstellungsuntersuchung wurde zunächst ihre so genannte Hörschwelle präzise gemessen.

Zu diesem Zeitpunkt konnte keinesfalls eine berufsbedingte Beeinträchtigung ihres Hörvermögens vorliegen. Dennoch wurden bei etwa zwei Prozent dieser Jugendlichen bereits Innenohr-Hörverluste, also Schwerhörigkeiten, von 30 dB oder mehr bei mindestens einer Frequenz zwischen 3.000 Hertz und 6.000 Hertz festgestellt. Das entspricht einer deutlich ausgeprägten Altersschwerhörigkeit, wie sie sonst erst bei etwa Sechzigjährigen auftritt! Dabei wurden aber nicht einmal angeborene oder krankheitsbedingte Hörverluste mit bekannter Genese – also bekannter Ursache oder Entstehungsgeschichte – einbezogen. Es musste sich also um andere Einflussgrößen handeln.

Um diesen anderen Ursachen auf die Spur zu kommen, wurde den Berufsanfängern zugleich ein Fragebogen vorgelegt, in dem sie über ihre Musikhörgewohnheiten und möglichen Freizeitlärm befragt wurden. Dabei ergab sich ein deutlicher Zusammenhang zwischen den erwähnten Hörschäden und Musik- sowie Lärmeinflüssen verschiedenster Art. An erster Stelle standen Schädigungen durch ein Knalltrauma, also vorzugsweise durch zu nahe am Ohr der Betreffenden explodierende Knallkörper vor allem zu Silvester oder andere starke, schlagartige Lärmeinflüsse. Aber nahezu gleichrangig wurden auch regelmäßige Diskothekenbesuche und Walkman-Geräte-Nutzung mit allzu hoher Lautstärke als Ursache dingfest gemacht. Ising schätzt aufgrund dieser Untersuchung das Risiko einer Hörschädigung für einen durchschnittlichen Jugendlichen infolge seiner Musikhörgewohnheiten und der dabei auftretenden Lautstärken so ein, dass bei fünfjähriger Beibehaltung bei zwei bis drei Prozent aller Jugendlichen zumindest in Großstädten Hörverluste von 30 dB im kritischen, das heißt für das Sprachverständnis wichtigen Bereich zu erwarten sind.

Welche Lautstärken nun tatsächlich der Benutzer eines Walkman-Geräts an seinem Ohr erzeugen kann, wollte die Physikalisch-Technische Bundesanstalt in Braunschweig genau wissen. Sie beschaffte sich Anfang der neunziger Jahre siebzehn typische Geräte nebst zugehörigen Kopfhörern, daneben aber auch getrennte Walkman-Kopfhörer, die als besonders »hochwertig« galten – un-

Die Reizüberflutung

ter anderem wegen ihrer größeren erzielbaren Lautstärke. Eine ganze Reihe der mit den Walkman-Geräten gelieferten Kopfhörer wiesen erhebliche Lautstärkeunterschiede zwischen den beiden Ohren auf. Das führt nach meiner Erfahrung in der Praxis dazu, dass Besitzer solcher Kopfhörer ihr Walkman-Gerät dann eben um so viel lauter aufdrehen, dass auch das leisere Kopfhörersystem die »gewünschte« Lautstärke abgibt. Für den Benutzer bedeutet das aber, dass sein anderes Ohr eine noch viel höhere, schädliche Lautstärke erhält.

Damit aber nicht genug: Die von den Geräten abgegebenen Schalldruckpegel unter Verwendung der mitgelieferten Kopfhörer erreichten bei voll aufgedrehten Lautstärkeeinstellern mühelos Impulsschalldruckpegel zwischen 96,8 dB und 103 dB. Wenn aber anstelle der mitgelieferten die »hochwertigeren« Kopfhörer verwendet wurden, dann ergaben sich sogar Impulsschalldruckpegel zwischen 107,0 dB und 110,1 dB. Betrachtet man diese Werte unter Berücksichtigung von Erfahrungen aus dem industriellen Lärmschutz, so lässt sich schlicht feststellen, dass bei den amtlich festgestellten maximal möglichen Schalldruckpegeln dieser Walkman-Geräte, wie Peter Plath von der HNO-Abteilung der Ruhruniversität Bochum es unmissverständlich formulierte, ». . . schon eine tägliche Beschallung von etwa fünfzehn Minuten mit einem Geräuschpegel von 100 dB ausreicht, um nach wenigen Jahren einen bleibenden Gehörschaden zu riskieren«.

Selbst wenn die Lautstärkeeinsteller der betreffenden Walkman-Geräte nicht voll aufgedreht wurden, sondern nur zu Zweidritteln, so wurden bei Verwendung der mitgelieferten Kopfhörer immer noch Impulsschalldruckpegel zwischen 82,1 dB und 91,1 dB gemessen, bei Verwendung der hochwertigeren Kopfhörer sogar von 90,4 bis 100,7 dB. Nach der im industriellen Bereich geltenden Unfallverhütungsvorschrift Lärm (UVV-Lärm) ist aber für jeden ganz normalen Mitarbeiter, der mehr als vier Stunden täglich einem Lärm von mehr als 85 dB(A) ausgesetzt ist, zwingend vorgeschrieben, einen geeigneten Gehörschutz zu tragen, um Hörschädigungen und damit auch unerwünschte Frühinvalidität zu vermeiden.

Sennheiser electronic, Deutschlands bedeutendster Hersteller von Kopfhörern, hat daraufhin auf meine Anregung hin einen speziellen »Walkman-Kopfhörer« HDP 34 entwickelt und auf den Markt gebracht, der mittels einer Elektronikschaltung dafür sorgt, dass er an jede Schallquelle angeschlossen werden darf und trotzdem die maximal abgegebene Lautstärke nicht über 85 dB(A) ansteigt, sodass keine Schädigung auftreten kann. Dieser Hörer kostete dann natürlich mehr als ein »normaler« Walkman-Hörer, nämlich etwa 75 DM. Ich hatte angenommen, dass diese Mehrausgabe von etwa 50 DM vielen Eltern leicht fallen würde in dem Bewusstsein, womöglich eine lebenslange Hörschädigung ihrer Kinder zu vermeiden. Weit gefehlt – der Hersteller berichtet mir, dass über den Fachhandel offenbar nur sehr wenige dieser Hörer abgesetzt wurden …

Welchen Lautstärken der Besucher einer Diskothek oder eines Rock/Pop-Konzertes heute noch ausgesetzt ist, haben weitere Untersuchungen ergeben: Danach sind bei derartigen Veranstaltungen in der Nähe der Lautsprecher häufig Schalldruckpegel bis zu 120 dB(A) gemessen worden, selbst in größerer Entfernung aber immer noch Werte von 90 db(A) bis 100 dB(A). Die Angestellten, auch die Diskjockeys, müssen deshalb laut der UVV-Lärm stets Gehörschützer tragen. Die Besucher genießen diesen Schutz natürlich nicht, obwohl bereits ein zweistündiger Besuch pro Woche nach Expertenmeinung als gehörgefährdend anzusehen ist.

In der Deutschen Industrie Norm (DIN) 15 905, Teil 5, ist vorgesehen, dass in Diskotheken, Theatern, Mehrzweckhallen und Konzertsälen maximale Schalldruckpegel von 99 dB(A) zugelassen werden. Pegel über diesem Wert sollen durch ein rotes Leuchtzeichen kenntlich gemacht werden, damit die Besucher auf die Gefahr einer Gehörschädigung aufmerksam gemacht werden. Haben Sie in einer Diskothek schon einmal ein solches rotes Warnlicht bemerkt? Und wenn ja, wurde es in irgendeiner Weise beachtet? Bedarf dieser Zynismus noch irgendeines Kommentars?

Psychomotorische Störungen

Der deutsche Rundfunk- und Fernsehjournalist Reinhard Kahl hat schon vor einigen Jahren in seiner unaufdringlichen, doch eindringlichen Art immer wieder darauf hingewiesen, dass sich in der Sinneswahrnehmung und auch der Sinnesverarbeitung der jetzt heranwachsenden Generation deutliche Veränderungen abzuzeichnen beginnen, die er – und nicht nur er allein – für bedenklich bis bedrohlich hält. In seiner dreiviertelstündigen NDR-Sendung »Das Schwinden der Sinne«, die gleich zweimal über die dritten Programme aller deutschen Fernsehanstalten lief, hat er zahlreiche Beispiele gegeben, um seine Auffassung zu belegen. Daraus einige besonders überzeugende Ausschnitte. Ein erfahrener Grundschullehrer kommt mit folgendem Beitrag zu Wort:

»Ich hab diese Klasse seit der Vorschule. Dieser Schüler kam in die Vorschule, und am Ende der Vorschulklasse stellte ich erst fest, dass der Junge eigentlich nie *schaukelte*. Es gibt Kinder, die haben also im häuslichen Milieu so wenig Anregung bekommen gerade in diesem psychomotorischen Bereich, dass sie unter Umständen eingeschult werden, ohne jemals auf einer Schaukel gesessen zu haben. Nachdem er also ein psychomotorisches Förderprogramm durchlaufen hatte, wollte er nicht mehr von der Schaukel herunter. Ich kann nur feststellen, dass es einige Kinder in meiner Klasse gibt, die zu Hause täglich mehr als neun Stunden vor dem Fernseher sitzen – ja, mehr als neun Stunden. Diese Kinder sind nicht mehr aufnahmefähig, sie verstehen keine Anweisungen, können regelrecht nicht mehr zuhören. Es ist feststellbar, dass Kinder, die Schwierigkeiten haben mit dem Lesenlernen, oft auch im psychomotorischen Bereich gestört sind ...«

Reinhard Kahl kommentiert dann selbst eine Bildfolge von Kindern im Hamburger Sozialpädiatrischen Zentrum, die sich – größtenteils erfolglos – bemühen, in einer großen, völlig freien Übungshalle rückwärts zu gehen:

»Eine Reihe von Kindern aus dieser Klasse hat große Schwierigkeiten, rückwärts zu gehen, obgleich sie bereits seit zwei Jahren an diesem psychomotorischen Turnen teilnehmen. Sie können sich nicht ohne Hilfe ihrer Augen allein aus ihrem Gleichgewichtsgefühl heraus bewegen. Das wird an ihren Schwierigkeiten beim Rückwärtsgehen deutlich. Bei der Einschulung waren mehrere Kinder dieser Klasse völlig unfähig, sich rückwärts zu bewegen.«

Die Leiterin dieses Sozialpädiatrischen Zentrums, Inge Flehmig, meint dazu:

»Wenn Kinder kein Gleichgewicht haben, dann haben sie auch Angst, nach hinten zu gehen, weil sie keine Augen haben, mit denen sie gegenregulieren können. Das ist also auch ein Selbsterhaltungstrieb, nach hinten laufen zu können ...«

In einer Fortbildungsveranstaltung berichtet ein Psychologe von überraschenden und zugleich höchst beunruhigen Erkenntnissen aus einer Untersuchung der Eigenunfallversicherung der Stadt Frankfurt/Main. Jene konnte sich nicht erklären, warum sie jährlich pro tausend Kindergartenkinder 120 Unfälle registrieren musste, die so schwer waren, dass der Arzt aufgesucht werden musste. Diese Unfallquote lag noch wesentlich höher als in Industriebetrieben! Und dies, obgleich man doch an den Kindergartenmöbeln inzwischen schon fast alle Ecken rundgehobelt hatte und auch sonst die einschlägigen Unfallverhütungsvorschriften peinlichst zu beachten strebte. Der Experte:

»Unsere Vermutung war, dass hier Mängel in der motorischen Entwicklung eine wichtige Rolle als Unfallauslöser spielten. Wir haben uns also den häufigsten Unfallablauf betrachtet – wenn Kinder nach vorne fallen und *überhaupt keine Abfangbewegung*, keine wirksame Abfangbewegung mehr ausführen. Hier kann man davon ausgehen, dass durch Bewegungsmangel dieser Kinder auch die wichtige Umsetzung von Unterhautgewebe in Fettgewebe unterblieben ist ...«

An dieser Stelle wird in den Fernsehbeitrag eine Übersicht im Rahmen der Untersuchung eingeblendet. Danach hatten – und das dürfte leider eher typisch sein für Kinder in ganz Deutschland – von den untersuchten Kindergartenkindern 60 Prozent Haltungsschwächen oder Haltungsschäden, 30 Prozent Übergewicht, 30 bis 40 Prozent motorische Auffälligkeiten oder Koordinationsschwächen. Immerhin eine erfreuliche Auswirkung war, dass die betroffene Versicherung nun Anleitungen zu Bewegungsübungen für Kinder anstelle von Sicherheitsvorschriften verbreitet. Denn, so folgerte der Versicherungsfachmann, Kinder müssen wieder fallen lernen. Nur beim Fallen lernen sie, sich aufzufangen.

Die Entdeckung der Langsamkeit

Dem deutschen Erfolgsautor Sten Nadolny verdanken wir einen Bestseller, in dem er unter dem Titel »Die Entdeckung der Langsamkeit« (1983) auf den ersten Blick die Lebensgeschichte des englischen Seefahrers und Nordpolforschers John Franklin in einem typischen Seefahrer- und Abenteuerroman beschreibt. In Wirklichkeit hat Nadolny aus diesem Lebenslauf eine feinsinnige Studie über die Zeit und die Schnelligkeit oder Langsamkeit der menschlichen Wahrnehmung entstehen lassen. Mit unerhörtem Einfühlungsvermögen beschreibt er einen Menschen, dessen *innere Taktfrequenz* zur Verarbeitung von Sinnesreizen im auditiven, visuellen und motorischen Bereich offenbar extrem niedrig liegt. Vielleicht ist der Erfolg dieses Buches auch darauf zurückzuführen, dass sich manche Leser darin wieder gefunden haben. Was mit der inneren Taktfrequenz des Menschen gemeint ist, wird im Detail in dem Abschnitt »Entdeckung der Taktfrequenz« dargestellt werden. Hier seien einige typische Merkmale des Helden dieses Buches beschrieben:

»John Franklin war schon zehn Jahre alt und noch immer so langsam, dass er keinen Ball fangen konnte. Er hielt für die anderen die Schnur. Vom tiefsten Ast des Baumes reichte sie herüber bis in seine emporgestreckte Hand. Er hielt sie so gut wie der Baum, er senkte den Arm nicht vor dem Ende des Spiels. Als Schnurhalter war er geeignet wie kein anderes Kind in Spilsby oder sogar in Lincolnshire ...«

»Dem Spiel konnte John nicht folgen, also nicht Schiedsrichter sein. Er sah nicht genau, wann der Ball die Erde berührte. Er wusste nicht, ob es wirklich der Ball war, was gerade einer fing, oder ob der, bei dem er landete, ihn fing oder nur die Hände hinhielt. Er beobachtete Tom Barker. Wie ging denn das Fangen? Wenn Tom den Ball längst nicht mehr hatte, wusste John: Das Entscheidende hatte er wieder nicht gesehen. Fangen, das würde nie einer besser können als Tom, der sah alles in einer Sekunde und bewegte sich ganz ohne Stocken, fehlerlos . . .«

»Die anderen Schüler waren mit allem rasch fertig und merkten sofort, wenn einer nachklappte. Namen nannten sie stets nur einmal. Fragte er nach, dann buchstabierten sie. Beim schnellen Buchstabieren kam er schlechter mit als beim langsamen Sprechen. Die Ungeduld der anderen aushalten . . .«

Manches von dem, was ich über John Franklin las, erinnerte mich an bestimmte Auffälligkeiten bei den von mir bisher betreuten legasthenen Kindern. Manches erinnerte mich sogar an die wenigen Autisten, mit denen ich bis dahin in Berührung gekommen war.

■ Was ist überhaupt die »Ordnungsschwelle«?

Bevor wir uns mit dieser Frage in der gebührenden Gründlichkeit befassen können, sollten wir einige Grundlagen unserer Verarbeitung von Sinnesreizen kennen lernen oder uns in Erinnerung rufen. Nehmen wir als typisches Beispiel für all unsere fünf Sinnesbereiche das Hören: Der Hörvorgang jedes Menschen gliedert sich in zwei gut unterscheidbare Abschnitte. Als »peripheres Hören« bezeichnen die Wissenschaftler die Fähigkeit, Töne, Klänge und Geräusche überhaupt sensorisch zu empfangen. Dazu dienen das Ohr mit der Schnecke und etwa 30.000 Haarzellen in vier Reihen. Doch erst in der zentralen Hörverarbeitung und der anschließenden Hörwahrnehmung unseres Gehirns werden die vom peripheren Hören gelieferten Signale in sinnvolle Informationen umgesetzt. Ein einwandfreies peripheres *und* zentrales Hören benötigen wir aber nicht nur für das Verstehen dessen, was ein anderer

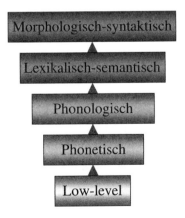

Abbildung 1

spricht, also fremder Lautsprache, sondern ebenso zur Kontrolle der eigenen aktiven Lautsprache:

Ein Taubstummer ist meist nur deshalb stumm, weil er taub ist; ein Hörbehinderter hat Schwierigkeiten bei der deutlichen Aussprache von Zisch- und Reibelauten, weil er deren feine Unterschiede in der Frequenzstruktur selbst über die besten Hörgeräte nicht klar genug wahrzunehmen vermag. Dabei muss auch beim eigenen Sprechen die *zeitliche Abtastrate* dieser stetigen Kontrolle mit der Sprachproduktion ständig synchronisiert sein, um mit ihr Schritt zu halten. Und genau bei dieser zeitlichen Abtastrate nähern wir uns dem Begriff der Ordnungsschwelle als einer wichtigen Komponente der so genannten Low-Level-Funktionen, die als Basis der fünf Stufen sprachlicher Kompetenz angesehen werden können (Abb. 1).

Das Modell wurde in Deutschland erstmals durch Martin Ptok (2000) von der Phoniatrie und Pädaudiologie der Medizinischen Hochschule Hannover unter dem Titel »Auditive Verarbeitungs- und Wahrnehmungsstörungen und Legasthenie« vorgestellt.

In der unteren Stufe, die uns in diesem Buch anhaltend beschäftigen wird, werden, wie Ptok es formuliert, »die basalen akustischen Merkmale extrahiert«. Das bedeutet: Hier sind die Grundfertigkeiten für das auf den höheren Ebenen nötige differenzierte Erkennen von Sprache angelegt – oder sie sollten es zumindest sein. Diese Stufe ließe sich als Metapher aus der Physik mit den Elektronen, Protonen und Neutronen vergleichen, aus denen Atome bestehen.

In der phonetischen Stufe werden diese Grundfertigkeiten benutzt, um – wieder nach Ptok – die phonetischen Merkmale zu extrahieren, die zum Erkennen der Laute, der Phoneme, in der dritten Stufe erforderlich sein werden. Diese zweite Stufe ließe sich in Verfolg unserer Metapher als Atome der Sprache benennen.

Erst in der dritten, der phonologischen Stufe, beginnt der echte Bezug zur Sprache: Hier werden, wenn die beiden darunter angesiedelten Stufen einwandfrei arbeiten, alle Phoneme, alle Laute der Sprache des betreffenden Kulturkreises identifiziert und diskrimi-

Was ist überhaupt die »Ordnungsschwelle«? 25

niert, also voneinander unterschieden. Jetzt sind wir bei den Molekülen der Sprache angelangt, dem Stoff, aus dem die Sprache gemacht wird.

Die Abhängigkeit der beiden nächsten Stufen – das heißt der lexikalisch-semantischen, also der Wortebene, sowie der morphologisch-syntaktischen, also der Satzebene – von der einwandfreien Funktion der jeweils darunter angesiedelten Stufen wurde überzeugend durch Studien von W. Schneider und P. Küspert (1998) belegt. In dem Trainingsprogramm »Hören – lauschen – lernen« (Küspert u. Schneider 2003) wird die Nutzanwendung dieser hierarchischen Abhängigkeit für die rechtzeitige Vorbereitung von Vorschulkindern auf den Schriftspracherwerb gezogen. Dieses Programm ist erfreulicherweise bereits in mehreren Bundesländern flächendeckend bei allen Kindergärten obligatorisch eingeführt worden. Schneider und Küspert arbeiteten in ihrer Studie mit drei Gruppen:
- Trainingsgruppe erhielt nur Buchstaben-Laut-Training.
- Trainingsgruppe erhielt nur Phonologie-Training.
- Trainingsgruppe erhielt beide Trainingsarten.

Die beiden Trainingsgruppen 1 und 2 verbesserten sich *nur* in *ihrer* Trainingsart, es fand also in beiden Richtungen kein Transfer statt. Lediglich die dritte Trainingsgruppe verbesserte sich in beiden Disziplinen. Ein signifikanter und stabiler Transfer auf die Rechtschreibleistung bis ins dritte Schuljahr war ebenfalls nur bei der dritten Trainingsgruppe festzustellen.

Interessant ist dabei, dass bei der Erfolgsstatistik sechs Prozent der Kinder mit einer Prozentrangstufe von unter zehn nicht erfolgreich waren. Es ist vorstellbar, dass gerade bei diesen Kindern ein nicht erkanntes, weil gar nicht untersuchtes Low-Level-Problem vorlag; denn das Schneider-Küspert-Training setzt ja erst auf der dritten Stufe der sprachlichen Kompetenz nach Ptok an. Es bemüht sich bisher noch nicht um die beiden darunter angesiedelten Stufen »Low-Level« und »Phonetik«. Es ist also gut möglich, dass die »Ausreißer« aus der Erfolgsstatistik massive, aber unerkannte und deshalb auch untrainierte Low-Level-Defizite hatten. Das bestärkt mich in der Überzeugung, dass bei Lese-Rechtschreib-Schwäche alle fünf Stufen des Ptok-Modells zu trainieren sind.

Doch zurück zu den Low-Level-Funktionen. Wir werden insgesamt acht dieser Grundfertigkeiten betrachten, von denen sich eine im visuellen Bereich abspielt, fünf liegen im auditiven und zwei im auditiv-motorischen Bereich; aber sie alle haben direkt oder indirekt mit dem Takt unseres Gehirns zu tun:

- Visuelle Ordnungsschwelle: diejenige Zeitspanne zwischen zwei Sehreizen, die benötigt wird, um diese getrennt wahrnehmen und in eine Reihenfolge bringen zu können. Sie spielt eine wichtige Rolle beim zügigen Lesen.
- Auditive Ordnungsschwelle: der kürzeste Zeitabstand zwischen zwei akustischen Reizen, die noch in eine Reihenfolge gebracht werden können. Sie ist eine wichtige Voraussetzung für das schnellere Umsetzen gehörter Sprache.
- Richtungshören: die Fähigkeit zu erkennen, ob ein akustischer Reiz mehr von links oder von rechts dargeboten wurde. Um beispielsweise eine einzelne Stimme aus dem räumlich verteilten Stimmengewirr in einer Konferenz herauszuhören, sind hier gute Werte unentbehrlich.
- Tonhöhendiskrimination: die Fähigkeit, kleinste Frequenzunterschiede zwischen zwei Tönen zu unterscheiden. Sie wird unter anderem für die zutreffende Dekodierung der Sprechmelodie benötigt: »Sie sind tüchtig!« – »Sie sind tüchtig?«
- Auditiv-motorische Koordination: die Fähigkeit, auditive Reize mit synchroner motorischer Bewegung, etwa Fingertapping, zu koordinieren. Sie ist ein Maß für die Geschwindigkeit der Koordination beider Hirnhälften.
- Choice-Reaction-Time: die Fähigkeit, zwischen sich anbietenden Alternativen rasch zu entscheiden. Sie ist unter anderem bei der schnellen und optimalen Wortwahl bedeutsam.
- Frequency-Pattern-Test: die Fähigkeit, aus einer raschen Folge von drei Tönen den in der Tonhöhe abweichenden herauszuhö-

ren. Sie ist ein wichtiges Element für die rasche Sprachverarbeitung.

– Duration-Pattern-Test: die Fähigkeit, aus einer raschen Folge von drei Tönen den in der Tondauer abweichenden herauszuhören. Sie ist ebenfalls ein wichtiges Element für die rasche Sprachverarbeitung.

Da ich die Ordnungsschwelle für die wichtigste dieser Low-Level-Funktionen halte, werden wir ihr zunächst unsere Aufmerksamkeit zuwenden. Danach werden auch alle anderen für das *Trainieren des Lernens* wichtigen sieben Low-Level-Funktionen in gebührender Gründlichkeit zu betrachten sein.

Die Ordnungsschwelle ist diejenige Zeitspanne, die zwischen zwei Sinnesreizen mindestens verstreichen muss, damit wir sie getrennt wahrnehmen *und* in eine zeitliche Reihenfolge, also in eine Ordnung, bringen können.

Sie hören sich beispielsweise in Gedanken das Wort »tickt« an. Das dauert knapp eine halbe Sekunde, wie Sie auch aus der Abbildung 2 erkennen können.

Aber schauen Sie gut hin: Die einzelnen Laute dieses Wortes sind auf diese 450 Millisekunden beileibe nicht gleichmäßig verteilt. Das anlautende *t* dauert etwa 50 Millisekunden und geht zügig in das anschließende *i* über, das ebenfalls fast 50 Millisekunden dauert. Dann kommt eine echte Pause von 100 Millisekunden! Das nun erscheinende *ck* – natürlich gesprochen wie ein *k* – dauert ebenfalls wieder etwa 50 Millisekunden, und die nächste Pause wiederum fast 100 Millisekunden. Das auslautende *t* verbraucht dann die restlichen 100 Millisekunden. Sie haben in diesem Wort die Länge von gleich drei so genannten Plosiv- oder Verschlusslauten, also den kürzesten Lauten überhaupt kennen gelernt; es gibt keine Laute, die kürzer sind als etwa 20–50 Millisekunden.

Und genau darauf ist auch unser Empfangstakt im Hörbereich abgestimmt. Beim Hören von Sprache – übrigens auch von Musik – entnimmt unsere zentrale Hörverarbeitung dem stetigen Fluss des heranschwingenden Schalls nur etwa dreißigmal pro Sekunde ge-

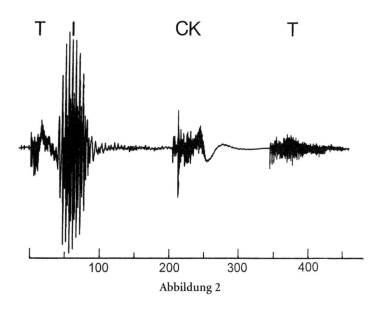
Abbildung 2

wissermaßen eine Probe, die – nach dem Beispiel mit dem Worte »tickt« – ja auch völlig zum Erkennen des einzelnen Lautes ausreicht. Da wir nicht schneller artikulieren können als mit rund 20–30 Millisekunden für die kürzesten Laute, wäre es unnötiger Aufwand, wenn unsere zentrale Hörverarbeitung den Schall schneller verarbeiten würde, als er produziert wird. Diese Taktfrequenz im Hörbereich liegt also bei gesunden jungen Erwachsenen bei etwa 30 Takten pro Sekunde, die typische Dauer eines Taktes von etwa 33 Millisekunden bezeichnet man als »auditive Ordnungsschwelle«.

Diese Rechnung sollte ich etwas ausführlicher darstellen: Wenn sich 30 Takte gleichmäßig auf eine Sekunde verteilen, die ihrerseits aus 1.000 Millisekunden besteht, so können wir einfach, um die Dauer eines Taktes zu errechnen, 1.000 durch 30 teilen. Das ergibt 33,3 Millisekunden.

Umgekehrt können wir bei festgestellter Dauer der Ordnungsschwelle in Millisekunden die Anzahl der Takte pro Sekunde errechnen, indem wir die 1.000 Millisekunden, aus denen eine Sekunde besteht, durch 10 Millisekunden teilen. Das ergäbe eine Frequenz von 100 Takten pro Sekunde oder 50 »Hertz«.

Nehmen Sie einmal an, Sie stünden am Rand einer stark befahrenen Autobahn, beispielsweise auf einem Rastplatz, und sähen dem Verkehr zu. Während Sie einen einzelnen Porsche mit einer Geschwindigkeit von, sagen wir, 180 km/h herannahen sehen und ihn im Vorbeifahren verfolgen, glauben Sie sicherlich, ihn ständig zu sehen, gewissermaßen jeden Millimeter genau zu verfolgen. Weit gefehlt! In Wirklichkeit »sehen« Sie das Fahrzeug nur etwa alle anderthalb Meter einmal, also die erwähnten dreißigmal pro Sekunde. Die dazwischen liegenden Abschnitte gleicht Ihre zentrale Sehverarbeitung stetig aus, sie täuscht Ihnen eine stetige Bewegung des Fahrzeugs vor. Wenn unsere Augen und unsere zentrale Sehverarbeitung nicht so arbeiten würden, wären Kinofilm und Fernsehen gar nicht möglich, die ja sogar nur mit 24 oder 25 *starren Bildern* pro Sekunde arbeiten und doch in unserer Vorstellung die Illusion einer stetigen Bewegung erzeugen. Diese Taktfrequenz im Sehbereich liegt bei gesunden jungen Erwachsenen bei etwa 30–50 Takten pro Sekunde, die Dauer eines solchen Taktes von etwa 20–33 Millisekunden bezeichnet man als »visuelle Ordnungsschwelle«.

Es gibt also eine auditive Ordnungsschwelle, das heißt im Hörbereich, und eine visuelle Ordnungsschwelle, das heißt im Sehbereich. Gibt es vielleicht auch eine taktile Ordnungsschwelle, also im Fühlen? Ja, wenn Sie beispielsweise zügig mit dem Zeigefinger der einen Hand den Unterarm der anderen Seite herunterstreichen, glauben Sie wieder, eine stetige Bewegung wahrzunehmen. Tatsächlich aber ist auch Ihre Ordnungsschwelle im Fühlbereich so beschaffen, dass sie in »Häppchen« auswertet und für Sie die Illusion einer stetigen Bewegung erzeugt.

Die Ordnungsschwelle zerteilt mithin alle Sinneswahrnehmungen – und vermutlich auch unser Denken – in viele kleine Häppchen oder »chunks«, wie es im Englischen heißt. Sie lässt sich mit hoher Treffsicherheit messen. Dabei wird rasch deutlich, dass die Ordnungsschwelle und die anderen Low-Level-Funktionen eine gehörige Tagesformabhängigkeit hat – und dass sie in jeglichem Lebensalter auf eine elegante Methode trainierbar ist.

■ Weshalb hat die Wissenschaft kaum darüber berichtet?

Die Frage, weshalb die Wissenschaft bisher kaum über die Ordnungsschwelle berichtet hat, stellte ich mir zum ersten Mal, nachdem ich 1994 in Vorbereitung der Erstauflage die sonst sehr ergiebige Datenbank MEDLINE unter »order threshold« (Ordnungsschwelle) angezapft hatte und in dem Zeitraum von 1966 bis 1994, also in fast dreißig Jahren internationaler wissenschaftlicher Arbeit, genau zwei Nennungen gefunden hatte. Nur um einen Vergleich zu ermöglichen: In demselben Zeitraum finden sich unter dem Suchbegriff »dyslexia«, dem englischen Wort für Legasthenie, insgesamt 2.940 Nennungen. Als ich beim Überarbeiten dieser Auflage über Google ins Internet stieg, erhielt ich unter »auditory order threshold« immerhin 138 Fundstellen. Aber unter »dyslexia« gab es jetzt 1.670.000 Fundstellen. Aber damit nicht genug:

In seinem lesenswerten Buch »Grenzen des Bewusstseins« widmet Ernst Pöppel (1997) von der Medizinischen Psychologie der Ludwig-Maximilians-Universität München, der sich wohl am gründlichsten mit der Ordnungsschwelle befasst hat, diesem Begriff selbst in der Zweitauflage aus dem Jahr 1997 genau sechseinhalb von insgesamt 190 Seiten. Aber auf meine an ihn gerichtete Frage, ob ihm – neben den von ihm in seinem Buch genannten Aphasikern – weitere Gruppen von Menschen bekannt seien, die eine verlangsamte Ordnungsschwelle haben, musste er verneinen. (Aphasiker sind Menschen, die nach einem linksseitigen Gehirnschlag oder einer linksseitigen Hirnverletzung ihr Sprachvermögen teilweise oder vollständig eingebüßt haben). Erst mit einiger

Mühe gelang es mir, weitere Arbeiten aufzutun und teilweise auch mit deren Autoren in Verbindung zu treten.

Was mag der Grund für diese, wie Pöppel es mir gegenüber formulierte, »bisher eher randständige« Behandlung der Ordnungsschwelle in der internationalen Wissenschaft sein? Ich vermute, dass dabei folgende Verknüpfung eine bedeutende Ursache sein dürfte: Die meisten bisher auf den unterschiedlichsten Gebieten, vor allem der Medizin erarbeiteten wissenschaftlichen Erkenntnisse haben sich nach meist recht kurzer Zeit in Fortschritte für Gruppen von Menschen oder für die ganze Menschheit umsetzen lassen. Bei der Ordnungsschwelle scheint bis 1994 – außer den im Abschnitt »Was sagt die Wissenschaft über die Ordnungsschwelle« erwähnten Arbeiten – bisher kein weiterer Wissenschaftler auf einen Gedanken gekommen zu sein, wie sie sich überhaupt nutzbringend für Menschen anwenden ließe. Sie hatte gewissermaßen nur beschreibenden Charakter für bestimmte Abläufe unserer Gehirnfunktionen, vielleicht entfernt vergleichbar mit der Feststellung, dass jeder gesunde Mensch zwei Arme und zwei Beine hat. Der im Nachhinein nahe liegende Gedanke, die Ordnungsschwelle könne auch bei manchen Menschen stark von den bisher ermittelten Werten abweichen und damit ein Trainingsbedarf entstehen, scheint nur *zweimal*, und zwar in Bezug auf die oben erwähnten Aphasiker und auf sprachauffällige Kinder, entstanden zu sein.

Vielleicht ist es ganz gut, dass die Bedeutung der Ordnungsschwelle sowie der anderen Low-Level-Funktionen für jeden von uns einschließlich der Möglichkeit, sie mit einem elektronischen Gerät zu trainieren, erst von einem Außenseiter entdeckt und untersucht wurde. Nun können Wissenschaftler, die daran interessiert sind, die daraus entstehenden neuen Aufgaben ansehen und angehen. Und sie haben erfreulicherweise schon damit begonnen.

■ Wie wurde die Ordnungsschwelle früher gemessen?

Etwa bis zum Ende des Jahres 1993 gab es in Deutschland vermutlich höchstens ein halbes Dutzend Wissenschaftler, die überhaupt Zugriff zu einer Einrichtung besaßen, um die Ordnungsschwelle messen zu können. Die meisten von ihnen saßen im Münchener Raum, wie beispielsweise Ernst Pöppel, Gerd Kegel, Nicole von Steinbüchel und Jiri Ilmberger. Serienmäßig industriell gefertigte Geräte zum Messen der Ordnungsschwelle gab es aber noch nicht. Soweit die genannten Wissenschaftler oder auch andere die auditive und die visuelle Ordnungsschwelle messen wollten, mussten sie sich dazu entweder eines einzeln zu diesem Zweck angefertigten Geräts oder eines eigens dafür gestalteten Computerprogramms bedienen.

Eines der ersten Geräte – möglicherweise sogar *das* erste – wurde nach den Angaben von Pöppel von einem medizintechnischen Unternehmen in Rosenheim entwickelt und angefertigt. Das Gerät mit der anspruchsvollen Bezeichnung »Zeitwahrnehmungs-Analysegerät« erlaubte es, über einen dreistufigen so genannten Dekadenschalter die Verzögerungszeit zwischen zwei aufeinander folgenden Klickgeräuschen, die über einen angeschlossenen Stereokopfhörer wahrzunehmen waren, zwischen 1–999 Millisekunden in Stufen von einer Millisekunde einzustellen. Mittels zweier getrennter Tasten konnte der Versuchsleiter wahlweise entweder den linken oder den rechten Klick als ersten auslösen; der andere folgte dann in dem zuvor eingestellten Zeitabstand.

Zum Messen der Ordnungsschwelle im Hörbereich erklärte der Versuchsleiter der Testperson, dass sie gleich in dem Kopfhörer

Ordnungsschwellen-Gruppentest

Teilnehmer ...*Kurt Menke*... Datum: ..*11. 12.*..19*94*.

ms	1	2	3	4	5	6	7	8	9	10	%
150	L	R	L	L	R	L	R	R	L	R	100
140											
130											
120	R	R	L	R	L	L	R	L	L	R	100
110											
100	L	L	R	L	R	R	L	R	R	L	100
90											
80	R	R	L	L	R	L	L	R	L	R	100
70											
60	L	R	R	R̸	L	L	R	L	R	R	90
50											
40	R	L	R	✗	L	L	R	L	✗	L	80
35											
30	R	✗	L	R̸	✗	R	✗	L	R	L	60
25											
20											

Abbildung 3

zur Rechten und zur Linken dicht nacheinander zwei Klickgeräusche hören werde. Sie sollte dann angeben, welchen der beiden Klicks sie als ersten gehört zu haben glaubte. Danach würden im-

Wie wurde die Ordnungsschwelle früher gemessen? 35

mer wieder neue Klickpärchen zu hören sein, bei denen die Testperson jedes Mal neu entscheiden sollte.

Es musste vermieden werden, dass der Versuchsleiter – und sei es unbewusst – ein bestimmtes Reihenfolgemuster in die Klickfolge hineinbrachte, das von der Testperson implizit erkannt und gelernt werden konnte. Bei dieser ersten Apparatur, die noch keinen Zufallsgenerator besaß, behalfen sich die Wissenschaftler mit einer zufallsähnlichen Tabellenfolge, die vorher erstellt worden war.

Hatte die Testperson das erste Klickpärchen gehört, so gab sie zu erkennen, auf welchem Ohr sie den ersten Klick gehört zu haben glaubte. Der Versuchsleiter notierte in der Regel nur, ob die Antwort zutreffend war, und gab das Ergebnis nicht der Testperson bekannt. Vielmehr löste er nun das nächste Klickpärchen mit einem verringerten Zeitabstand zwischen den beiden Klicks aus. So wurde über einen gewissen Zeitraum mit ständig wechselnden Klickabständen und der weiterhin zufallsgesteuerten Klickreihenfolge ermittelt, bei welchem Zeitabstand zwischen den beiden Klicks die Testperson eine Trefferquote von 80 Prozent erzielte. Ein typisches Protokoll eines solchen Versuchsablaufs findet sich in Abbildung 3.

Der Klickabstand mit der Trefferquote von 80 Prozent gilt dann als die auditive Ordnungsschwelle der betreffenden Testperson. Sie lag bei der Mehrzahl der gesunden Testpersonen mit einem Alter von 20–30 Jahren im Bereich zwischen 20 und 40 Millisekunden. Dieser Hinweis auf das Alter der Probanden ist nicht unwichtig, wie wir später erkennen werden.

Die Messung der visuellen Ordnungsschwelle, also im Sehbereich, stimmt in wesentlichen Einzelheiten mit dem geschilderten Ablauf überein. Der Testperson wurde nämlich hier vor Beginn der Versuchsreihe erklärt, dass sie gleich zwei vor ihr in einem geringen Abstand nebeneinander befindliche Leuchtdioden nacheinander würde *aufblitzen* sehen. Genau auf halbem Weg zwischen diesen beiden Leuchtdioden befand sich ein so genannter *Fixationspunkt*, der von der Testperson fixiert werden sollte, damit die beiden Leuchtdioden gleichermaßen noch im Bereich hinreichend scharfen Sehens lagen. Ebenso wie beim Feststellen der auditiven Ordnungsschwelle sollte die Versuchsperson nun bei jedem Blitzpärchen angeben, auf welcher Seite sie den ersten Blitz gesehen zu haben glaubte. Der Versuchsleiter stellte mit seiner Protokollierung fest, bei welchem zeitlichen Abstand der beiden Lichtblitze die Testperson die Trefferquote von 80 Prozent erreichte. Dieser Abstand stellte dann die visuelle Ordnungsschwelle dieser Versuchsperson dar. Sie lag bei der Mehrzahl der gesunden jungen Testpersonen ebenfalls zwischen 20 und 40 Millisekunden.

Aus den Beschreibungen ist wohl schon zu erkennen, dass dieser Ablauf vom Versuchsleiter mehr noch als von der Testperson ein hohes Maß an Konzentration verlangte und eine hohe Belastung darstellte. Vielleicht ist dies einer der Gründe dafür, dass es so lange gedauert hat, bis das Feststellen der Ordnungsschwelle aus dem Bereich der Wissenschaft, also von den Universitäten, seinen Weg in die Praxen von HNO-Ärzten, Kinderärzten, Ergotherapeuten, Legasthenietherapeuten, Logopäden, Sprachheilpädagogen und Sprachheiltherapeuten zu finden begann. Sicher war eine wichtige Voraussetzung für diesen Transfer von der Wissenschaft in die Praxis auch der Umstieg auf eine halbautomatische Messmethode zum Feststellen sowohl der auditiven als auch der visuellen Ordnungsschwelle in *einem* apparativen Konzept, wie es im Abschnitt »Wie können Sie Ihre Ordnungsschwelle feststellen« ausführlich beschrieben wird.

Bei dieser Messmethode bedarf es nicht mehr unbedingt eines Versuchsleiters; die Messung der Ordnungsschwelle – und aller anderen Low-Level-Funktionen – kann mühelos und natürlich auch gefahrlos im Selbstversuch vorgenommen werden. Die im nächsten Abschnitt geschilderten anfänglichen Aussagen der Wissenschaft über die Ordnungsschwelle dagegen wurden wohl alle noch mühsam »von Hand« durchgeführt, also jeweils mit einem oder manchmal sogar mit mehreren Versuchsleitern.

■ Was sagt die Wissenschaft über die Ordnungsschwelle?

Wir sollten uns jetzt den vergleichsweise wenigen, dafür aber um so interessanteren Veröffentlichungen aus den Jahren zuwenden, in denen auch ich weitgehend die Grundlagen für meine Untersuchungen und die daraus entstandene Erfindung des möglichen Trainings der Ordnungsschwelle gefunden habe. Es ist sicher kein Zufall, dass alle vier Arbeiten, die in den nächsten Abschnitten beleuchtet werden, von Wissenschaftlern der Ludwig-Maximilians-Universität in München stammen. Offenbar ist es dem deutschen Vordenker der Ordnungsschwelle, Ernst Pöppel, gelungen, im Kreis seiner Kollegen und Mitarbeiter ein solches Maß an Interesse und Begeisterung für dieses Thema zu wecken, dass mehrere von ihnen eigene Ideen entwickelt, wissenschaftlich untersucht und die Ergebnisse selbst dann veröffentlicht haben, als sich zunächst noch keine unmittelbare praktische Nutzanwendung – auch wohl wegen der Umständlichkeit des ursprünglichen Messverfahrens – daraus ableiten ließ. Also beginnen wir mit der nach meiner Auffassung wichtigsten Arbeit aus der Frühzeit der Ordnungsschwelle, und das ist immerhin das Jahr 1986.

■ Entdeckung der Taktfrequenz

Welche übergreifende Funktion die Ordnungsschwelle für zahlreiche Hirnfunktionen – wahrscheinlich sogar für *alle* Hirnfunktionen – haben dürfte, hat Jiri Ilmberger in einem raffinierten Ver-

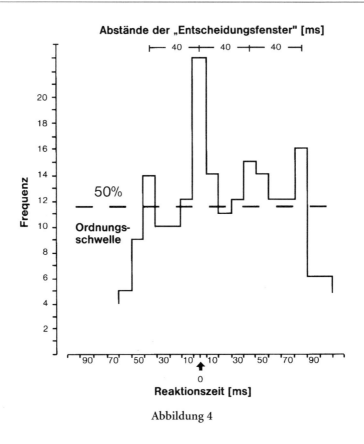

Abbildung 4

such nachgewiesen: Es handelte sich um einen Choice-Reaction-Test, also einen Reaktionstest mit einer Wahlmöglichkeit, an dem zehn Versuchspersonen teilnahmen. Die Versuchspersonen wurden angewiesen, so schnell wie möglich *eine* von zwei vor ihnen angebrachten Tasten in Abhängigkeit davon zu betätigen, ob sie im Kopfhörer einen hohen Ton von 2.500 Hertz oder einen tiefen Ton von 200 Hertz wahrnehmen. Es handelte sich bei diesem Versuch also *nicht* um die Messung der Ordnungsschwelle, sondern um das Messen von Reaktionszeiten unter den beschriebenen Umständen. Bei diesem komplizierteren und mit einem Entscheidungsprozess verbundenen Aufgabenablauf wurden wesentlich längere Zeiten benötigt – sie lagen typischerweise in der Größen-

Entdeckung der Taktfrequenz 39

ordnung von etwa 200 Millisekunden, also einem Vielfachen der Ordnungsschwelle von gesunden Erwachsenen, die 20–40 Millisekunden beträgt.

Ebenso klar dürfte es sein, dass die Zeiten ein und derselben Versuchsperson bei den zahlreichen aufeinander folgenden Einzelversuchen nicht genau miteinander übereinstimmten. Bei dem einen Versuch ist die Versuchsperson etwas schneller, beim nächsten Versuch vielleicht etwas langsamer. Üblicherweise jedoch ergibt sich bei vergleichbaren Aufgaben eine ziemlich regelmäßige Verteilung um einen besonders häufig vorkommenden Wert. Diese Verteilung wird von den Mathematikern als »Gauß-Verteilung« bezeichnet. Eine derartige Kurve hat etwa die Form einer Glocke mit einem höchsten Punkt, von dem nach beiden Seiten ein zunächst flacher und dann immer steiler Abfall zu erkennen ist. Wurden aber die Ergebnisse der Versuchspersonen in diesem Test von Ilmberger zueinander in Beziehung gesetzt, so ergab sich *nicht* die erwartete gleichmäßige glockenförmige Gauß-Verteilung um einen Mittelwert, sondern es entstand das Balkendiagramm in Abbildung 4 mit *mehreren* getrennten Höchstwerten.

Das Überraschende ist: Diese Höchstwerte haben voneinander recht genau den zeitlichen Abstand der Ordnungsschwelle *dieser* Versuchsperson, die zuvor in einem getrennten Ablauf gemessen worden war. Die Versuchspersonen von Ilmberger hatten also ihre Entscheidungen nur entlang eines vorgegebenen Zeitrasters treffen können! Ilmberger zieht daraus den Schluss, der auch von Pöppel unterstützt wird, dass nämlich die Entscheidungssituationen in unserem Gehirn durch einen oszillatorischen, also schwingenden Prozess gesteuert werden, dessen *Grundfrequenz* die Ordnungsschwelle darstellt. Wenn also bei dem Versuch von Ilmberger eine Versuchsperson *ein* Entscheidungsfenster gewissermaßen »verpasst« hatte, musste sie innerlich erst das *nächste* Entscheidungsfenster abwarten. Pöppel (1997) stellt dazu in der ihm eigenen feinsinnigen Weise fest:

»Ist die Zeit eigentlich kontinuierlich oder ›gequantelt‹? In unserer geläufigen Vorstellung ist die Zeit vermutlich – ich nehme an, dies gilt für die meisten – kontinuierlich. Aber was sagen die hier diskutierten Beobachtungen? Wenn wir nur zu bestimmten Zeiten reagieren oder handeln können, dann ist die Kontinuität der Zeit wohl eine Illusion. Zwar entzieht sich die Diskontinuität des Identifizierens und des Entscheidens unserem Bewusstsein, aber die experimentellen Hinweise sind eindeutig, dass wir – bei der Periode der Gehirn-Oszillation von 0,03 bis 0,04 Sekunden – in einer Sekunde nur etwa 30 Identifikationsmöglichkeiten und *Entscheidungspunkte* haben. Dass uns dies nicht bewusst ist, braucht nicht zu stören; denn wir sind ja schon zu Beginn über die Grenzen der Selbstbeobachtung aufgeklärt worden. Wir können deshalb annehmen, dass die subjektive Zeit diskontinuierlich abläuft, dass der Ablauf unseres Erlebens und Verhaltens zerhackt ist in Zeitquanten. Wir können nicht ›immer‹ reagieren. Die Funktionsweise unseres Gehirns definiert *formale* Randbedingungen für den zeitlichen Ablauf, die uns aufgezwungen sind. Wir sind vielleicht frei über das, was wir entscheiden, aber nicht *wann* wir entscheiden.«

In jedem von uns tickt offenbar eine innere Uhr, die vor allem dazu dient, die zentrale Verarbeitung von Sinnesreizen zu steuern, das heißt in kleine Scheiben zu zerlegen. *Ein einzelner Takt* dieser inneren Uhr entspricht dem Wert der Ordnungsschwelle, bei gesunden jungen Erwachsenen also 20–40 Millisekunden. Diese Zeitdauer für *einen* Takt bedeutet, dass in einer vollen Sekunde 25–50 dieser Takte untergebracht werden können. Eine noch kürzere, schnellere Zeitauflösung scheint in unserer zentralen Sinnesverarbeitung nicht möglich zu sein. Es sei denn, wir *trainierten* die Ordnungsschwelle auf kürzere Werte hin.

■ Aphasikertraining

In dem Buch von Pöppel (1997) »Die Grenzen des Bewusstseins« finden sich Hinweise darauf, dass es *eine* Gruppe von Menschen gibt, die aufgrund besonderer Umstände eine auditive Ordnungsschwelle aufweisen, die von gesunden Erwachsenen deutlich abweicht. Es handelt sich dabei um so genannte Aphasiker. Das sind Menschen,

Aphasikertraining

die nach einem linksseitigen Gehirnschlag oder nach einer andersartigen linksseitigen Gehirnverletzung – zum Beispiel nach einem Unfall – ihre sprachlichen Fähigkeiten teilweise oder sogar völlig eingebüßt haben. Dazu müssen wir ein wenig ausholen:

Bereits 1864 hatte der französische Chirurg Paul Broca aufgrund eigener Untersuchungen an Unfallopfern festgestellt, dass es ein spezielles, räumlich eingrenzbares Zentrum für die menschliche *Sprachproduktion* gebe. Ihm war bei Aphasikern aufgefallen, dass die Läsion (= Verletzung, Schädigung) nicht nur immer im gleichen Bereich des Gehirns, sondern auch immer auf derselben Seite – der linken – lag. Seitdem zeigte sich bei allen Autopsien die Läsion stets linksseitig. Bei zahlreichen lebenden Aphasikern wurde beobachtet, dass sie halbseitig gelähmt waren, und zwar immer auf der rechten Seite. Außerdem hat man bei Autopsien rechtsseitiger Läsionen bei Patienten gefunden, dass diese nicht an Aphasie gelitten hatten. All dies deutete darauf hin, dass die sprachliche Artikulationsfähigkeit in der linken Hirnhälfte lokalisiert ist oder dass sie zumindest hauptsächlich auf diese Hirnhälfte angewiesen ist.

Brocas Feststellungen gelten heute als unumstritten. Die von ihm entdeckte Hirnregion wird heute als Broca-Areal bezeichnet. Der deutsche Neurologe Carl Wernicke hat dann wenige Jahre später nachgewiesen, dass ein ebenfalls linksseitiger Teil unseres Gehirns, nämlich das anschließend nach ihm benannte Wernicke-Areal, für unser *Sprachverständnis* zuständig ist. Patienten mit beeinträchtigtem Wernicke-Areal sind also wohl noch in der Lage zu sprechen, jedoch ist ihr Verständnis für fremde und eigene Sprache so vermindert, dass sie keine sinnvolle Sprachproduktion mehr zustande bringen, manchmal sogar förmlich übersprudelnd, jedoch ohne jeden erkennbaren Sinn sprechen. Die heutige neurologische Wissenschaft neigt zu der Auffassung, dass das Broca-Areal nicht ausschließlich für die Sprachproduktion zuständig ist, sondern auch einen gewissen Beitrag zum Sprachverständnis leistet. Und es gibt einen zunehmenden Trend in der Wissenschaft, dass die beiden genannten Areale nicht allein und eigenständig, sondern erst in der Vernetzung miteinander sowie mit anderen Hirnregionen ihre Funktion erfüllen.

Nicole von Steinbüchel von der Ludwig-Maximilian-Universität fand vorangegangene Untersuchungen bestätigt, dass die Ordnungsschwelle von Aphasikern – und zwar unabhängig davon, ob Broca- oder Wernicke-Aphasie – weitaus höhere Werte aufweist als bei gesunden jungen Erwachsenen. Während jene zwischen 20 und 40 Millisekunden betragen, liegen die Werte von Aphasikern fast ausnahmslos über 100 Millisekunden, teilweise sogar erheblich darüber. Von Steinbüchel stellte nun die Vermutung auf, dass diese verlängerte Ordnungsschwelle eine wesentliche Ursache der sprachlichen Schwierigkeiten ihrer aphasischen Patienten sein könnte. Wenn dem so wäre, müsste es möglich sein, durch ein Training dieser Ordnungsschwelle auch die sprachliche Rehabilitation dieser Aphasiker zu beschleunigen. Sie berichtete über ihre Arbeit in einer international angesehenen Fachzeitschrift (von Steinbüchel 1991).

Sie arbeitete mit einer Gruppe gesunder Erwachsener und drei Patientengruppen, die schwerpunktmäßig an einer Broca-Aphasie litten. Die Gruppe der gesunden Erwachsenen diente als Vergleichsnormal dafür, dass bei ihnen das zum Messen der Ordnungsschwelle verwendete computergestützte Verfahren auch tatsächlich die typischen Werte in der Größenordnung um 30 Millisekunden erbrachte. Von den drei Patientengruppen war *eine* die eigentliche Untersuchungsgruppe, an der die Ordnungsschwelle trainiert werden sollte; die beiden anderen dienten wiederum als Kontrollgruppe dafür, ob ein Training anderer Art ebenfalls die Ordnungsschwelle zu verbessern geeignet wäre.

Zunächst wurden die Ordnungsschwellenwerte sowohl der gesunden Erwachsenen als auch der Patienten der drei Aphasikergruppen einzeln gemessen, um daraus die Gruppendurchschnitte zu errechnen. Erwartungsgemäß erbrachten die gesunden Erwachsenen einen Durchschnittswert von 32 Millisekunden. Die Durchschnittswerte der drei Aphasikergruppen lagen zu Beginn des Trainings erwartungsgemäß ausnahmslos über 100 Millisekunden (Abb. 5).

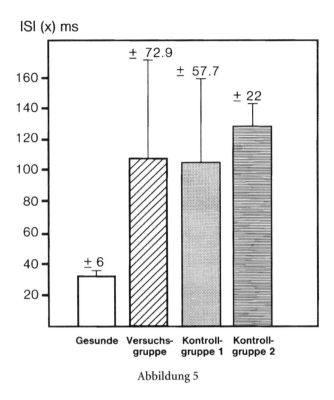

Abbildung 5

Nun wurden die drei Aphasikergruppen auf unterschiedliche Weise beschäftigt oder trainiert: Die Übungssitzungen für die drei Gruppen fanden – voneinander getrennt – einmal pro Woche für jeweils eine Stunde statt. Die erste Kontrollgruppe erhielt die Aufgabe, während der Übungssitzungen visuelle Unterscheidungsübungen zu absolvieren. Die zweite Kontrollgruppe befasste sich während der Übungssitzungen mit Tonhöhenunterscheidungsaufgaben. Die eigentliche Untersuchungsgruppe dagegen erhielt während dieser einen wöchentlichen Übungsstunde ein spezielles, eigentlich sehr einfaches Training ihrer Ordnungsschwellen: Sie erfuhren nach jeder Reaktion auf eines der zahlreichen Klickpärchen in unterschiedlichen Abständen unverzüglich nur, ob ihre Feststellung zutreffend oder unzutreffend war.

Dieses Verfahren knüpft an die Forschungsergebnisse des ame-

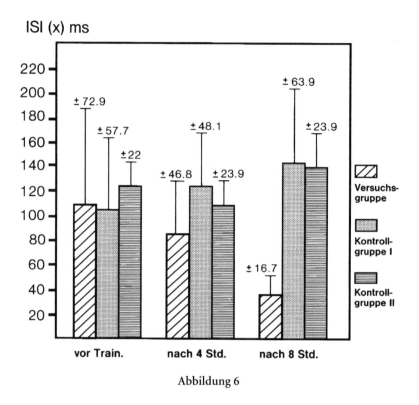

Abbildung 6

rikanischen Lernpsychologen Burrhus Frederic Skinner an, wonach der Mensch am besten lernt, wenn er das »Reinforcement«, also die Rückmeldung über die Richtigkeit einer Handlung, innerhalb von längstens 0,5 Sekunden nach deren Ausführung erhält. Dann ist das Reinforcement, die Verstärkung der gebahnten Neuronenverbindungen, also der Lernerfolg, am nachhaltigsten. Wie lernwirksam ist dann die Rückgabe einer korrigierten Klassenarbeit erst nach mehreren Tagen?

Das überraschende Ergebnis dieser verschiedenen Trainingsarten (Abb. 6): Die beiden Kontrollgruppen verbesserten ihre Ordnungsschwellen überhaupt nicht, sondern verschlechterten sich sogar noch nach Durchführung der acht Übungssitzungen.

Die eigentliche Untersuchungsgruppe dagegen verbesserte sich von dem anfänglichen Durchschnittswert von 116 Millisekunden vor Beginn des Trainings schon nach vier Übungssitzungen auf 82 Millisekunden und nach insgesamt acht Übungssitzungen auf 37 Millisekunden – auf einen Wert also, der sehr nahe bei dem der gesunden Erwachsenen von 32 Millisekunden lag. Nun ergab sich natürlich die Frage, ob diese Verbesserung der Ordnungsschwelle auch Auswirkungen auf die sprachliche Rehabilitation dieser Untersuchungsgruppe im Vergleich zu den beiden Kontrollgruppen gehabt hatte. Zur Beantwortung dieser Frage hatte von Steinbüchel schon vor Beginn des Trainings geeignete Vorkehrungen getroffen:

Eine in der Sprachwissenschaft verbreitete Methode zum Prüfen des Sprachverständnisses ist die Darbietung von gleitenden Übergängen zwischen zwei Konsonanten, die von einem Vokal gefolgt werden und sich nur durch ihre Dauer voneinander unterscheiden. Ein typisches derartiges Pärchen ist der Übergang von der Silbe *ta* zur Silbe *da*. Nimmt man die Silbe *ta* mit einem geeigneten Computer auf, so lässt sich auf dem Bildschirm erkennen, dass das anlautende *t* etwa 80 bis 90 Millisekunden lang ist. Schneidet man nun aus diesem *t* zunächst beispielsweise nur 10 Millisekunden heraus, so klingt die Silbe immer noch wie *ta*. Setzt man diesen Schneidevorgang um jeweils weitere 10 Millisekunden fort, so gelangt man bei einem restlichen *t* zwischen 30 und 50 Millisekunden in einen Bereich der Unsicherheit, in dem manche noch ein *ta*, aber manche auch schon ein *da* verstehen. Ist aber mit weiterem stetigen Abschneiden eine Restlänge des anlautenden Konsonanten von 30 Millisekunden oder weniger erreicht, so wird eindeutig nur die Silbe *da* verstanden.

Dies alles gilt aber nur für gesunde Erwachsene mit einwandfreier zentraler Hörverarbeitung. Das bestätigte sich auch, als von Steinbüchel diesen *ta*/*da*-Versuch mit ihrer Gruppe gesunder Erwachsener durchführte. Alle drei Aphasikergruppen dagegen zeigten vor dem Training einen ganz anderen Verlauf: Ihre Unsicherheit bezüglich der Unterscheidung zwischen *ta* und *da* erstreckte sich vor diesem Training über die gesamte Spanne zwischen 40 und 90 Millisekunden.

Das traf nach dem Training auch weiterhin auf die beiden Kontrollgruppen zu. Nur die Untersuchungsgruppe mit dem Ordnungsschwellentraining hatte sich danach, also nach der Verringerung ihrer Ordnungsschwellenwerte auf 37 Millisekunden, weitestgehend den Werten der gesunden Erwachsenen genähert: In dem Bereich zwischen 60 und 90 Millisekunden erkannten sie jetzt zu 90 Prozent die Silbe *ta* richtig. Damit war der Beweis erbracht, dass zumindest bei Aphasikern ein so einfaches, aber erfolgreiches Training der Ordnungsschwelle zugleich auch das Sprachverständnis in nahezu gleichem Maß verbessert.

Feststellung der Altersabhängigkeit

Für ihre Dissertation hat sich Sabine Veit (1992; betreut durch Gerd Kegel vom Institut für Phonetik und sprachliche Kommunikation) der Aufgabe gestellt, die Entwicklung der Ordnungsschwelle und die sprachlichen Fähigkeiten von zwölf Kindern über einen Zeitraum von drei Jahren zu verfolgen. Zu Beginn der Untersuchung waren die Kinder rund sechs Jahre alt. Bei diesen Kindern handelte es sich um sieben sprachauffällige und um fünf sprachunauffällige Kinder. Darunter ist zu verstehen, dass die sprachunauffälligen Kinder eine altersgerechte, normale Sprachentwicklung zeigten, während die sprachauffälligen Kinder in dieser Beziehung deutliche Rückstände hatten.

Veit stellte zunächst 60 Sätze zusammen, die dazu bestimmt waren, von allen Kindern bei jeder von den geplanten insgesamt sieben Einzelsitzungen nachgesprochen zu werden. Damit wollte sie feststellen und von Jahr zu Jahr in vergleichbarer Weise fortschreiben, wie die zwölf ausgewählten Kinder mit Sprache umzugehen verstanden, wie es um ihre sprachliche Kompetenz bestellt war. Tatsächlich war das Hauptziel ihrer Arbeit, einen Zusammenhang zwischen der Sprachentwicklung von Kindern in Abhängigkeit von ihrem Alter und von ihrer Ordnungsschwelle nachzuweisen. So bezogen sich die meisten der von ihr für diese

Dissertation aufgestellten Hypothesen zunächst auf sprachliche Leistungen und deren Abhängigkeit vom Alter dieser Kinder. Erst ihre beiden letzten Hypothesen befassten sich mit der Ordnungsschwelle:

- Bei beiden Gruppen nehmen die Ordnungsschwellenwerte im Lauf des Untersuchungszeitraums ab.
- Die Ordnungsschwellenwerte liegen bei den sprachauffälligen Kindern höher als bei den sprachunauffälligen.

Die erste Hypothese, wonach die Ordnungsschwellenwerte im Lauf des Untersuchungszeitraums kürzer werden, hat sich bestätigt, und zwar bei beiden Gruppen. Zum Abschluss der Untersuchung, also als Neunjährige, hatte die Gruppe der sprachunauffälligen Kinder mit einem Durchschnitt von 38 Millisekunden nahezu die Ordnungsschwellenwerte von gesunden jungen Erwachsenen, das heißt den Bereich zwischen 20 und 40 Millisekunden, erreicht, während sie zu Beginn der Untersuchung, also als Sechsjährige, deutlich höher gelegen hatten.

Zur zweiten These, wonach die Ordnungsschwellenwerte bei den sprachauffälligen Kindern höher liegen als bei den sprachunauffälligen, gab es ebenfalls eine klare Aussage. Sie lagen bei den Neunjährigen mit einem Gruppendurchschnitt von 68 Millisekunden fast doppelt so hoch wie die Endwerte der sprachunauffälligen Kinder.

Wegen der vergleichsweise geringen Zahl der beobachteten Kinder wäre eine Verallgemeinerung dieser Ergebnisse unzulässig.

■ Autistentraining

Gerd Kegel (1991; Kegel u. Tramitz 1993) beschreibt in »Olaf – Kind ohne Sprache« den zeitaufwändigen und Nerven aufreibenden Einsatz bei der sprachlichen Entwicklung von Olaf, der als neunjähriger Autist kein Wort sprach und auch sonst die typischen autistischen Symptome aufwies.

Unter Einsatz der so genannten McGinnis-Methode haben die beiden Autoren im Zusammenwirken mit engagierten Therapeuten einer Sonderschule und einer Klinik im Verlauf von drei Jahren den Umgang dieses Jungen mit Laut- und Schriftsprache so gefördert und aufgebaut, dass Olaf mit zwölf Jahren dank seiner nun entwickelten sprachlichen Fähigkeiten und des daraus entstandenen Selbstvertrauens offen auf andere Menschen zugehen konnte.

Die verwendete Methode ist benannt nach Mildred A. McGinnis, die sich in den Vereinigten Staaten nach dem Ersten Weltkrieg für Kinder mit sehr schweren Sprachentwicklungsstörungen eingesetzt hat. Diese Kinder hatten vor allem Probleme beim Verstehen schnell gesprochener Äußerungen, beim Herauslösen einzelner Laute aus Lautgruppen und beim Behalten des Gehörten. Diese Störungen waren aber bei den von ihr behandelten Kindern nicht auf eine Beeinträchtigung der Artikulationsorgane, des peripheren Hörens oder der allgemeinen Intelligenz zurückzuführen. McGinnis vermutete vielmehr eine Störung in der zentralen Sinnesverarbeitung. Ich darf hier die Vermutung anfügen, dass diese Kinder eine verlangsamte Ordnungsschwelle hatten ...

McGinnis begegnet diesem Problem mithilfe einer von ihr entwickelten »Assoziationsmethode«. Das Kennzeichnende an dieser Methode ist die Verknüpfung mehrerer Sinneskanäle beim *gleichzeitigen* Erlernen von Laut- *und* Schriftsprache. Ein Beispiel: Das Kind soll auf den Mund des Lehrers schauen, während dieser einen Laut vorspricht (auditive und visuelle Assoziation). Es muss auf die Tafel schauen, wenn der Lehrer den Laut aufschreibt und gleichzeitig noch einmal vorspricht (auditive und visuelle Assoziation). Es muss beim eigenen Niederschreiben des gerade vorgesprochenen Lauts zugleich diesen Laut selbst deutlich aussprechen. Und damit sich die Assoziationen festigen, ist dies alles sehr oft zu wiederholen, verlangt also große Geduld und Ausdauer von Therapeut und Patient.

Unter Verwendung derartiger Verknüpfungen erfolgt der gesamte langwierige Therapieablauf in drei großen Arbeitsabschnitten. Der erste dieser Abschnitte beginnt mit dem Training einzelner Laute und Buchstaben, wohlgemerkt immer gleichzeitig. Dabei werden anfänglich solche Laute ausgewählt, die möglichst geringe Anforderungen an die Artikulationsmotorik stellen, vom Kind also leichter ausgesprochen werden können. Sobald etwa drei Konsonanten und drei Vokale (beispielsweise m – b – p – a – i – e) mündlich und schriftlich gut beherrscht werden, geht es an das Trainieren der ersten Silben. Schließlich werden Silben zu Wörtern verbunden. Der zweite Arbeitsabschnitt beginnt mit dem Training kurzer Sätze, um auch die Gedächtnisspanne zu erweitern. Im dritten Arbeitsabschnitt schließlich wird das Kind an die grammatischen Muster der Sprache herangeführt, die Vergangenheitsformen werden gelernt und der zunächst weitgehend bildhaft-konkrete Wortschatz wird um abstrakte Begriffe erweitert.

Dieses Training führte bei Olaf nach drei Jahren, in denen es natürlich auch Rückschläge gab, zu den erwähnten Fortschritten. Und was hat das alles mit der Ordnungsschwelle zu tun? Nun, Kegel widmet ihr ein eigenes Kapitel, in dem er zunächst den wichtigen Zusammenhang zwischen der Ordnungsschwelle und der Zeitauflösung gesprochener und gehörter Sprache erläutert. Er schildert die Konsequenzen einer langsameren Ordnungsschwelle, nachdem er deren Bedeutung anhand der beiden ersten Buchstaben des Wortes *Kamm* dargestellt hat:

»Nur wenn der Hörer diese Signalinformationen sehr schnell verarbeitet, kann er die im Signal wiedergegebene Artikulationsbewegung registrieren. Dann nimmt er vor dem *a*-Laut auch tatsächlich genau den *k*-Laut wahr. Ist der Hörer zu langsam, kann er, um es einmal so zu formulieren, nicht fein genug hinhören, dann vermag er nicht zu unterscheiden, ob der Sprecher ›ka‹, ›ta‹ oder ›pa‹ gesagt hat. Kleine Kinder haben da noch so ihre Schwierigkeiten, und so wundert es nicht, wenn sie zum Beispiel statt ›Gib mir den Kamm‹ so etwas wie ›Dib mir den Tamm‹ sagen. Da sie aufgrund langsamerer Informationsaufnahme nicht differenziert genug wahrnehmen, können sie auch nicht präzis differenzierend artikulieren.«

Kegel hat konsequenterweise Olafs Ordnungsschwelle *vor* dem Beginn des McGinnis-Trainings gemessen. In dem Kapitel »Olafs innere Uhr« beschreibt er, wie er mithilfe des Kollegen Ilmberger unter größten Mühen Olafs auditive Ordnungsschwelle gemessen hat. Der gemessene Wert lag – wegen der Schwierigkeiten der Messung mit entsprechender Vorsicht seitens Kegel interpretiert – zwischen 140 und 100 Millisekunden. Verglichen mit den Werten gesunder neunjähriger Kinder, so schreibt Kegel, die meist den Erwachsenenbereich von 20–40 Millisekunden erreicht haben, lagen Olafs Werte sehr hoch. »Die Messungen stützen die Vermutung, dass in diesem Entwicklungsstadium Olafs Ordnungsuhr entschieden zu langsam lief. Die Folgen sind bekannt: sehr ungenaue Wahrnehmung des Sprachsignals und damit kein angemessenes *internes Artikulationsmodell*.« Mit diesem inneren Artikulationsmodell meint Kegel das innere Vergleichsnormal, an dem wir beim Sprechen unsere Artikulation ständig eichen.

An dieser frühen Stelle des Buches – es war ja *vor* Olafs Trainingsbeginn – war ich überzeugt, dass nun – zumindest ergänzend zum Training nach der McGinnis-Methode – mit dem Training der Ordnungsschwelle begonnen werden würde, und sei es auf die einfache Methode, die im Abschnitt »Aphasikertraining« beschrieben wurde. Aber nichts dergleichen wurde erwähnt. Ist niemand auf diesen Gedanken gekommen? Oder wurde befürchtet, dass Olaf zu einem derartigen Training nicht bereit oder in der Lage sein würde? Vielleicht waren die beiden Autoren auch unsicher geworden, weil sie bei einer zweiten Messung nur ein halbes Jahr nach Olafs erster Messung der Ordnungsschwelle feststellen mussten, dass sich diese noch nicht verändert hatte, obwohl Olaf schon gewisse sprachliche Fortschritte erzielt hatte. Wie dem auch sei – am Ende des Buches, nachdem das dreijährige Training die erwähnten positiven Ergebnisse bei Olaf erbracht hatte, wurde seine Ordnungsschwelle erneut gemessen. Wieder Kegel:

»Die Ergebnisse verblüfften uns. Olafs auditiver und visueller Ordnungsschwellenwert lag zwischen 20 und 40 Millisekunden. Vorsichtshalber wiederholten wir nach einigen Tagen die Messungen – mit dem gleichen

Autistentraining 51

Ergebnis. Diese Werte entsprechen den Erwachsenennormen. Sie waren für Olaf völlig altersgerecht, wie sie von gesunden Kindern meist zwischen dem achten und zehnten Lebensjahr erreicht werden. Olafs innere Uhr, die noch wenige Monate zuvor völlig verzögert lief, zeigte jetzt zuverlässig die richtige Taktzeit an.«

Es ist die Frage, ob Olaf auch dann drei volle Jahre für seinen Aufbau von Laut- und Schriftsprache benötigt hätte, wenn er in geeigneter Weise flankierend zum Arbeiten auf der Symptomebene auch Gelegenheit gehabt hätte, die basale Beeinträchtigung auf der Ebene der zentralen Hörverarbeitung, also die Ordnungsschwelle, zu trainieren.

■ Was bewirkt eine abweichende Ordnungsschwelle?

Als ich – vor allem zu Beginn meiner Beschäftigung mit der Ordnungsschwelle – diesen Begriff öfter gegenüber Freunden und Bekannten erläuterte, war ich immer wieder überrascht, dass sie zwar fast ausnahmslos meine Erklärung der Ordnungsschwelle rasch verstanden, aber selten die für mich nahe liegende Frage stellten, welche Auswirkungen eine von den typischen Werten abweichende Ordnungsschwelle für die Betroffenen habe. Vielleicht war ihnen allein die Vorstellung fremd bis unheimlich, sie könnten eine langsamere Ordnungsschwelle als den von Pöppel angegebenen Standardwert junger Erwachsener von 20–40 Millisekunden haben und nichts dagegen unternehmen können.

Ich habe inzwischen die Ordnungsschwellen von mehreren tausend Personen gemessen, sowohl in Gruppen als auch einzeln. Dabei konnte ich feststellen, dass auch die bei ein und demselben Menschen zu unterschiedlichen Zeiten gemessenen Werte in manchmal sogar erstaunlichem Maß voneinander abweichen. Ganz offenbar ist unsere innere Taktfrequenz kein absolut feststehender Wert, sondern sie richtet sich stark nach den Augenblicksumständen und -Erfordernissen aus, sie ist kontextabhängig. Besonders angespannte oder gar erschöpfte Durchschnittsmenschen zeigten zuweilen Ordnungsschwellenwerte, die bis zum Doppelten ihrer im entspannten Zustand gemessenen Werte reichten.

Ich habe dann in Gesprächen vor allem mit denjenigen Therapeuten, die sich frühzeitig auf meine Anregung hin mit der Ordnungsschwelle befasst hatten, einige Beispiele erarbeitet oder berichtet bekommen, mit denen sich die Bedeutung der Ordnungsschwelle für unser tägliches Leben in allen Altersstufen gut nachweisen lässt.

In diesem Kapitel finden Sie einige dieser Beispiele, und zwar zu den Auswirkungen einer Abweichung der Ordnungsschwelle sowohl nach längeren als auch nach kürzeren Werten hin.

Eine grundsätzliche Feststellung, vor allem zum besseren Verständnis derjenigen Passagen, die sich mit dem Zusammenhang zwischen der Ordnungsschwelle und Krankheitsbildern wie beispielsweise der Aphasie, dem Stottern oder dem Autismus befassen: Die für meine Arbeit wichtigste Feststellung eines deutschen Sprachheilpädagogen lautet, dass die Ordnungsschwelle *in jedem dieser Fälle* hervorragend geeignet ist, den Fortschritt jeglicher Therapie zu messen und somit deren Erfolge zweifelsfrei zu überprüfen, dass sie aber in den meisten dieser Fälle auch als eigenständige oder flankierende Therapie eingesetzt werden kann. Und zwar ist der Einsatz des Ordnungsschwellentrainings nach seinen Erfahrungen immer dann und *erst dann* angezeigt, wenn zuvor sichergestellt wurde, dass die beiden Hirnhälften – insbesondere bei Aphasikern – überhaupt schon wieder zusammenarbeiten.

■ Die Ordnungsschwelle und der Alltag

Ein Kleinkind beginnt, das Laufen zu lernen. Es tapst zunächst noch ungeschickt durch die Wohnung. Irgendwo im Weg liegt ein Teppich: Es bleibt hängen, stolpert und fällt hin. Warum? *Zwei* visuelle Sinnesreize, der Fußboden und der Teppich, wurden zwar vom Auge wahrgenommen, aber vom Gehirn noch nicht *schnell genug* verarbeitet, sodass die Koordination von Augen und Beinen nicht zeitgerecht erfolgen konnte. Schon nach kurzer Zeit bewältigt das Kind mit zunehmender Hirnreifung solche und andere Hindernisse durch blitzschnelle, fließende Reaktionen – indem es beispielsweise an der richtigen Stelle schlicht den Fuß ein bisschen höher hebt. Das Informationssystem im Gehirn hat seine Impuls-

Die Ordnungsschwelle und der Alltag 55

verarbeitung, seine Ordnungsschwelle, beschleunigt. Falls dieser Entwicklungsprozess zu langsam abläuft, fällt das Kind häufiger auch im zunehmenden Lebensalter.

Ein Erwachsener trägt eine reichlich gefüllte Tasse auf einer Untertasse und will damit eine Wendeltreppe hinaufgehen. Er muss gleichzeitig mehrere visuelle und kinästhetische Sinneseindrücke sowie motorische Befehle miteinander verrechnen, wenn er sicherstellen will, dass der Kaffee nicht überschwappt, dass er die Höhe der Treppenstufen richtig einschätzt, um nicht zu stolpern oder gar zu fallen, und dass er der Biegung der Wendeltreppe stetig folgen kann. All diese Vorgänge müssen blitzschnell – eben in der Größenordnung der Ordnungsschwelle – erfasst, verglichen und in motorisches Handeln umgesetzt werden. Wenn nicht, gilt er als »ungeschickt«. Dabei liegt wahrscheinlich »nur« seine Ordnungsschwelle entweder grundsätzlich oder zeitweilig nicht im Normalbereich.

Ein junger Mann hat den Führerschein beim dritten Anlauf endlich geschafft. Aber mit dieser Erlaubnis, nun allein weiter zu üben, hat er kein rechtes Glück. Immer wieder, wenn er in kritische Situationen kommt, gerät er in eine Art Panik und verursacht Beinahe-Unfälle oder sogar tatsächliche Unfälle. Seine Ordnungsschwelle ist bei der Führerscheinprüfung natürlich nie gemessen worden – wie sollte sie auch? Und doch spricht einiges dafür, dass diese nie gemessene Ordnungsschwelle die eigentliche Ursache dafür ist, dass er mehrere parallele Sinneseindrücke, noch dazu über verschiedene Sinneskanäle, nicht in der gerade für das Autofahren erforderlichen Geschwindigkeit miteinander verrechnen kann – wieder ein Problem der Ordnungsschwelle!

In meinem Buch »Was Hänschen nicht hört ...« habe ich als Übung für leserechtschreibschwache Kinder das Balancieren eines Kunststoffstabs von etwa einem Meter Länge zwecks Verbesserung ihrer Auge-Hand-Koordination empfohlen. Inzwischen hatte ich Gelegenheit festzustellen, ob es einen Zusammenhang zwischen der Ordnungsschwelle und der Geschicklichkeit beim Balancieren dieser Stange gibt. Es gibt ihn im erwarteten Sinne, das heißt, die guten Balancierer haben eine schnelle visuelle Ordnungsschwelle.

Klar – sie erkennen geringfügige Abweichungen am oberen Ende des Stabs rascher und können auch wiederum schneller motorisch reagieren und gegensteuern.

Der erfolgreiche Leiter eines bedeutenden Elektronikunternehmens bezog sein gesamtes Wissen über Tagesereignisse aus dem Fernsehen, da er keine Zeitung las. Auch traf auf ihn das Scherzwort zu: »Vielen Dank für das Buch, aber ich habe schon eins.« Neben seinem engsten Fachgebiet las er so gut wie nichts, das Lesen war ihm richtig lästig. Er maß seine Ordnungsschwelle mit 20 Millisekunden im Sehbereich und mit 60 Millisekunden im Hörbereich. Nach einem Training von nur vier Wochen mit etwa zehn Minuten täglich lag seine visuelle Ordnungsschwelle bei besser als 10 Millisekunden und seine auditive Ordnungsschwelle bei besser als 20 Millisekunden. Einige Wochen später berichtete er mir mit einer Mischung aus Verwunderung und Stolz, dass ihm das Lesen der Zeitung zunehmend Spaß mache und er auch schon ein Buch zu lesen begonnen habe . . . Ganz allgemein fügte er hinzu, sei seine Fähigkeit zur Aufnahme visueller und auditiver Informationen deutlich geschärft und beschleunigt worden.

Ein Teil der Tätigkeit eines weiteren vielseitig begabten Bekannten, Leiter eines deutschen Fachbuchverlags, bestand darin, dass er auf hohem Fachniveau fremdsprachige Seminare für die Teilnehmer simultan zu übersetzen hatte. Professionelle Dolmetscher lassen sich oft nur paarweise engagieren und wechseln sich im Rhythmus von zehn bis zwanzig Minuten in dieser aufreibenden Tätigkeit gegenseitig ab. Dieser Mann hatte auf Anhieb eine Ordnungsschwelle von 20 Millisekunden im Hör- und im Sehbereich. Aber er wollte es genau wissen und trainierte nun mit dem Gerät bis auf Werte um fünf Millisekunden herunter. Er berichtete mir anschließend, dass er nun imstande sei, die Simultanübersetzung auf eine ganz andere Weise zu bewältigen: Er könne nun schon zu Beginn eines Satzes in der zu übertragenden Fremdsprache mit hoher Treffsicherheit den weiteren Verlauf vorahnen, sodass seine deutschen Gedanken praktisch fast parallel und nicht – wie vorher – nacheilend entstehen. Dabei sei der Energieverbrauch eher geringer geworden als vorher.

Um bei den Simultanübersetzern zu bleiben: Die besten von ihnen, die beispielsweise im Bereich internationaler Konferenzen oder bei der Europäischen Union tätig sind, treffen sich von Zeit zu Zeit, um Erfahrungen auszutauschen und sich fortzubilden. Eine Kommunikationsberaterin, die Psychologin Barbara Mies aus Berlin, die selbst auch Seminare über Automatisierungsstörungen durchführt und in diesem Zusammenhang auch mit mir zusammenarbeitet, hat es 1997 tatsächlich geschafft, bei einem dieser Treffen zwölf Teilnehmende für einen Test ihrer Ordnungsschwellen zu gewinnen, und zwar acht Damen und vier Herren im Alter zwischen 28 und 49 Jahren. Um nicht den bekannten Fehler zu begehen, statt der Ordnungsschwelle den Ermüdungspunkt zu ermitteln, wurde die Testzeit auf drei Minuten begrenzt und als Startwert mit 50 Millisekunden begonnen. Aber keiner der zwölf Simultan-Übersetzer brauchte dieses Zeitlimit auszunutzen. Sie kamen alle weit vor dieser Zeit auf die in der Tabelle 1 zusammengefassten auditiven und visuellen Ordnungsschwellenwerte. Dabei ist interessant, dass zwar auch die visuellen Werte sehr gut liegen, aber doch langsamer sind als die auditiven Werte.

Tabelle 1

Alter	Geschlecht	Ordnungsschwelle	
		auditiv	visuell
28	m	5	20
29	w	5	10
32	m	5	20
33	m	10	5
34	m	5	10
36	w	5	15
36	w	10	15
37	w	5	20
38	w	5	25
41	w	10	15
43	w	10	30
49	w	5	10

Viele international bekannte Tennisspieler fallen mehr oder weniger häufig dadurch auf, dass sie gelegentlich nicht »in Form« sind. Boris Becker hat als Erklärung einmal den Begriff seiner »mentalen Kräfte« benutzt. Ist es das wirklich allein? Gerade beim Tennis mit Ballgeschwindigkeiten beim Aufschlag bis über 200 km/h ist doch die Fähigkeit zum raschen Erkennen und Verknüpfen aufeinander folgender Sinneseindrücke von besonderer Bedeutung! Bei einer Ordnungsschwelle von 20 Millisekunden legt der mit so hoher Geschwindigkeit aufgeschlagene Ball von *einem* Erkennungsfenster zum *nächsten* bereits etwas über einen Meter zurück. Bei einer visuellen Ordnungsschwelle von 50 Millisekunden sind es bereits 2,7 Meter. Wer sagt uns denn, dass Tennisasse stets dieselben Ordnungsschwellenwerte haben? Meines Wissens haben sie diese Werte niemals gemessen, geschweige denn trainiert.

◼ Die Ordnungsschwelle und der erfolgreiche Schüler

Auch an zahlreichen Schülern habe ich in jüngerer Zeit die Ordnungsschwelle gemessen. Ich habe mir dabei vorher keine Einzelheiten über deren schulische Leistungen nennen lassen, sofern dies zu vermeiden war. In einer dritten Grundschulklasse war ich überrascht durch einen so deutlich von allen Erfahrungen abweichenden auditiven Ordnungsschwellenwert eines neunjährigen Jungen von 22 Millisekunden, der spontan ohne jegliches Training gemessen werden konnte. Ich setzte mich mit den Eltern des Knaben in Verbindung und erfuhr, dass er nicht nur der Klassenprimus war, sondern auch vielseitig interessiert und vor allem sprachlich unerhört gewandt und reaktionsschnell.

Weitere Messungen von Zeit zu Zeit, immer dann, wenn es sich so ergab, bestätigten diese erste Erfahrung. Besonders aufschlussreich war die unmittelbar nacheinander erfolgende Messung eines leserechtschreibschwachen elfjährigen Jungen, der mich mit seinen Eltern zum Testen der zentralen Hörverarbeitung aufsuchte, und seines zwei Jahre älteren Bruders, der keine solchen Probleme hatte. Er wollte aber nach dem Messen der Ordnungsschwelle seines Bruders (Hörbereich = 90 Millisekunden, Sehbereich = 40 Millisekunden) auch seine eigenen Werte kennen lernen. Innerhalb von wenigen Minuten hatte er visuell die zehn Millisekunden unterschritten und auditiv mühelos die 20 Millisekunden erreicht. Das war für mich der Auslöser, mir auch Gedanken über die sich förmlich aufdrängenden Zusammenhänge zwischen der Ordnungsschwelle und dem Intelligenzquotienten zu machen, also dem einigermaßen genormten Messwert der Intelligenz.

Die Ordnungsschwelle und der Intelligenzquotient

Der Intelligenzquotient (IQ) eines Menschen ist eine Verhältniszahl, die angibt, wie sich die Intelligenz *dieses* Menschen zum Rest der gleichaltrigen Menschheit seines Kulturkreises verhält. Rechnerisch ermittelt wird der Intelligenzquotient nach der einfachen Formel »Intelligenzalter / Lebensalter × 100«. Der typische Durchschnittsbürger, dessen Intelligenzalter und Lebensalter übereinstimmen, hat somit einen IQ von 100. Zum hinreichend genauen Bestimmen des Intelligenzalters und damit des Intelligenzquotienten bedarf es ausgeklügelter, zeitaufwändiger Testverfahren durch erfahrene Psychologen.

Im »Pschyrembel Klinisches Wörterbuch« umfasst Intelligenz als allgemeine Bezeichnung für kognitive psychische Fähigkeiten zum Beispiel Konzentration, Vorstellung, Gedächtnis, schlussfolgerndes Denken, Lernen, Sprachfähigkeit und Fähigkeit zum Umgang mit Zahlen und Symbolen. Ein weites Feld! R. J. Sternberg (1999), ein amerikanischer Neurowissenschaftler, hat folgende Definition geprägt: »Intelligenz ist ein Prozess der Bewältigung neuer oder neuartiger Aufgaben auf der Grundlage vorhandenen Wissens und Könnens und *das Automatisieren bereits erworbener Fähigkeiten.*« Gerade die von mir hervorgehobenen Worte schlagen eine erkennbare Brücke zur Ordnungsschwelle und zu den ebenfalls automatisierbaren weiteren Low-Level-Funktionen.

Während sich etwa beim Computer Daten wie Taktfrequenz, Zugriffsgeschwindigkeiten, die Möglichkeiten zur Parallelverarbeitung, die Schnelligkeit des Programmwechsels, Umfang und Schnelligkeit von Verknüpfungen zwischen vielen Dateien messen und andere durch genormte Benchmark-Tests indirekt überprüfen lassen, ist man beim Menschen zwecks Feststellung der Intelligenz bisher auf die erwähnten komplizierten, zeitraubenden, indirekten Untersuchungen durch geschulte Fachkräfte angewiesen. Deshalb kennen auch nur wenige Menschen ihren eigenen IQ, obwohl sicher jeder neugierig darauf ist.

Ein Wort der Warnung für die allzu Testgläubigen: Da das Gehirn des Menschen eben *kein* Computer ist, sondern ein ständig selbstlernender Teil eines lebenden Wesens, dürfen die auf eine derart indirekte Methode erhobenen Werte des menschlichen IQ nicht kritiklos ernst genommenen und gewissermaßen als unveränderliche Abstempelung einer Persönlichkeit mit Ewigkeitswert angesehen werden. Tatsächlich ist auch die Messung des IQ kontextabhängig – abhängig vom Umfeld und den Umständen des angewandten Testverfahrens. So hat beispielsweise der deutsche Wissenschaftler F. Merz 1969 nachgewiesen, dass Studenten beim Absolvieren des verbreiteten Raven-Intelligenztests, der weitgehend mit räumlichen Vorstellungen arbeitet, um bis zu 15 Punkte (!) bessere IQ-Werte erzielten, wenn sie diese räumlichen Aufgaben gleichzeitig verbalisierten, also in Sprache umsetzten. Ganz offenbar, lässt sich dazu ergänzen, wurde so ihre linke Hirnhälfte zusätzlich in Anspruch genommen und verbesserte damit die Ergebnisse.

Kommen wir zurück auf die eigentliche Frage eines möglichen Zusammenhangs zwischen der Ordnungsschwelle eines Menschen und seiner Intelligenz. Dabei hilft uns der Vergleich mit dem Computer: So wie die Ordnungsschwelle die innere Taktfrequenz unseres Gehirns darstellt, hat auch jeder Computer eine Taktfrequenz, die heute etwa im Bereich von einigen Gigahertz liegt. Ein Gigahertz entspricht 1.000.000.000.000 Takten pro Sekunde. Diese hohen PC-

Die Ordnungsschwelle und der Intelligenzquotient 61

Taktfrequenzen sind aber auch bitter nötig, weil die meisten Aufgaben im PC sequenziell, also *nacheinander*, abgearbeitet werden. Da ist unser Gehirn mit seiner typischen Ordnungsschwelle von 20 bis 40 Millisekunden, das entspricht einer Frequenz von nur 25 bis 50 Takten (!) pro Sekunde, ganz erheblich langsamer. Woran liegt es dann, dass – wie es Runge vom damaligen Telefunken-Forschungsinstitut in Ulm einmal launig formulierte – der schnellste Computer nur ».. ein Vollidiot mit einer genialen Spezialbegabung im Rechnen ist«, während unser Gehirn trotz seiner um so viel langsameren Taktfrequenz immer noch Aufgaben bewältigen kann, die kaum jemals von einem noch so schnellen Computer bewältigt werden dürften?

Die Antwort darauf lautet »parallel-verteilte Verarbeitung«. Dafür haben wir in jeder Gehirnhälfte fünfzig Milliarden Neuronen, von denen jedes von bis zu zehntausend anderen Neuronen angesteuert wird, um das Ergebnis seines internen Entscheidungsprozesses an wiederum ebenso viele andere Neuronen weiterzuleiten. Die Länge der dafür erforderlichen »Verdrahtung« reicht mehrfach um den Erdball. Mit dieser gigantischen Kapazität konnte die Evolution es sich leisten, in unseren Hirnen dadurch effizienter zu arbeiten, dass viele, wahrscheinlich bis zu einigen Millionen Rechen- und Verknüpfungsvorgänge *gleichzeitig* ablaufen, also parallel zueinander und miteinander verknüpft. Die Bemühungen der Computerentwickler, das menschliche Gehirn auch in dieser Weise nachzubilden, stehen noch auf einer sehr frühen Stufe; die entsprechende Technik nennt man »neuronale Netze«.

Der große, wohl niemals einholbare Vorsprung unserer Gehirne gegenüber dem Computer besteht also darin, dass wir so viele Vorgänge parallel be- und verarbeiten und miteinander fließend verknüpfen können. Und deshalb denke ich, dass die Ordnungsschwelle nur *eine*, wenn auch sicher eine wichtige Komponente unserer Intelligenz darstellt. Die *andere* dürfte die Fähigkeit zu dem verteilten Parallelverarbeiten sein. Wir können uns das vielleicht wie den Flächeninhalt eines großen Feldes vorstellen: Seine Breite mag der Ordnungsschwelle und seine Länge der Fähigkeit zur Parallelverarbeitung entsprechen. Eine langsame Ordnungsschwelle erzeugt ein langes und schmales Feld; eine schwache Parallelverarbeitung ein kurzes und breites Feld. Erst eine schnelle Ordnungsschwelle *und* eine starke Parallelverarbeitung führen zum langen *und* breiten, also großen Feld, zur hohen Intelligenz.

Zur grundsätzlichen und anhaltenden Verbesserung der Koordination zwischen den beiden Gehirnhälften trägt mit hoher Wahrscheinlichkeit die so genannte Kinesiologie bei. Eine besonders interessierte Sonderschullehrerin hat in zwei Fällen hierzu eigene Erfahrungen gesammelt und sie sorgfältig dokumentiert (siehe Abschnitt »Kinesiologie«). So wie bei Olaf, dem Kind ohne Sprache, ein *anderes* Training eine messbare, überdauernde Verbesserung der Ordnungsschwelle bewirkt hat, so hat diese Lehrerin den Erfolg eines kinesiologischen Trainings in zwei interessanten Fällen durch Messen der Ordnungsschwelle jeweils vor und nach dem Training nachweisen können.

▉ Die Ordnungsschwelle und die Therapie

Lassen Sie mich betonen, dass die in den Abschnitten über die Zusammenhänge zwischen der Ordnungsschwelle und Aphasie, Stottern und Autismus genannten Möglichkeiten und Beispiele *nicht* zur ungeübten Übernahme durch Laien bestimmt sein können. Diese Beispiele sollen vielmehr zunächst den Fachkräften neue Therapieansätze aufzeigen. Außerdem sollen sie dem Laien vermitteln, worin diese neuen Möglichkeiten bestehen, sodass ihm bei der Anwendung durch Fachkräfte ein leichteres Verständnis ermöglicht wird. Dagegen sind die Beispiele in den Abschnitten »Kinesiologie« und »Lese-Rechtschreib-Schwäche« auch für Nichtfachleute anwendbar. Hier kommt zunächst ein Therapeut mit seinen Erfahrungen und daraus abgeleiteten Erkenntnissen zum Thema der Ordnungsschwelle zu Wort:

»Ich bin seit mehreren Jahrzehnten hauptberuflich in der Sprachheilpädagogik und in der Logopädie tätig. Seit es die Möglichkeit gibt, Ord-

Die Ordnungsschwelle und die Therapie 63

nungsschwellenmessungen und Ordnungsschwellentraining in diese Therapien einzubauen, beobachte ich überraschend anders verlaufende Therapien. Was daran anders ist? Ich kann natürlich nur von den Patienten sprechen, die ich selbst in Betreuung habe – aber das sind sehr viele. Die Therapieabläufe veränderten sich zunächst *zeitlich*, das heißt, die Therapien wurden erheblich beschleunigt. Ferner entstand das therapeutische Ergebnis überzeugend, weil nicht am Symptom, sondern an einer der eigentlichen Ursachen gearbeitet wurde. Schließlich verschwanden in der Regel sogar zuerst die sekundären Begleiterscheinungen der Grundstörung, weil die Patienten in *einem* für sie wichtigen Bereich Erfolgserlebnisse hatten.

Grundsätzlich kann sicher keine therapeutische Maßnahme im sonderpädagogisch-therapeutischen Bereich für sich in Anspruch nehmen, dass sie *allein* eine Störung beseitigen kann. Das gilt natürlich auch für das Ordnungsschwellentraining. Es war aber bisher wegen fehlender technischer Hilfsmittel überhaupt nicht möglich, an dieser Grundstörung, also an einer abweichenden Ordnungsschwelle, zu arbeiten. Weder das Klavierspielen noch das Maschineschreiben, Trommeln oder Flöten erfordern für ihre Ausübung das schnelle Zusammenspiel so vieler Hirnleistungsfunktionen wie das Sprechen mit den 20 bis 40 Millisekunden unserer Ordnungsschwelle. Andere therapeutische oder sonderpädagogische Fördermaßnahmen haben für laut- und schriftsprachliche Leistungen bei weitem nicht den Zugriff wie das Training der Ordnungsschwelle mit einem entsprechenden Gerät. Derartig schnell ablaufende Reize kann kein Mensch, sondern eben nur eine Elektronik erzeugen.

Mir sind selbstverständlich die zahllosen Möglichkeiten bekannt, wie es beispielsweise zu einer Leserechtschreibschwäche kommen kann, wie es hirnorganisch zu einer Aphasie kommen kann, wie es zu einer Sprachredeflussstörung kommen kann. Dennoch ist es fast niemals der ›böse Vater‹, der etwa die Redeflussstörung *Stottern* ›psychologisch verschuldet‹ hat. Er ist allenfalls derjenige, der durch seine Forderungen im Leistungsbereich und im Zeitbereich ein System überfordert, das für solche Anforderungen noch nicht oder so nicht belastbar ist. Ich wiederhole, dass mir diese Zusammenhänge gut bekannt sind. Ich beobachte aber, seitdem ich Ordnungsschwellentraining einsetze, dass die Ergebnisse meiner Therapien in wesentlich kürzerer Zeit erzielt werden, als dies in meiner jahrzehntelangen bisherigen Berufserfahrung möglich oder denkbar war.

Bei allen mein Berufsbild betreffenden Störungen geht es darum, dass sich im Gehirn mit kaum vorstellbarer Geschwindigkeit ständig wechselnde Verbindungen zwischen vielen Bereichen aufbauen müssen, um dann ein gemeinsames Ergebnis abliefern zu können, wie zum Beispiel ein gesprochenes Wort. Kritisch ist dabei, dass diese verschiedenen Bereiche verteilt sind auf die beiden Hirnhälften und dass somit nicht nur innerhalb *einer* Hemisphäre die Verbindungsbahnen blitzschnell hergestellt werden müssen, sondern in der *anderen* Hemisphäre ebenfalls, und dass dies alles dann zusammengeführt werden muss – im auditiven, im visuellen, im taktilen und im motorischen Bereich.

Bekannt ist, dass bei einem Schlaganfall in der linken Hirnhälfte ein Zusammenbruch von motorischen und auditiven Leitungsbahnen entsteht, dass also die Mitwirkung der linken Hirnhälfte unter Umständen vollständig ausfällt. Ferner ist bekannt, dass man beim leserechtschreibgestörten Kind immer mehr von auditiver Verarbeitungs- und Wahrnehmungsstörung spricht. Das ist weitgehend deckungsgleich mit dem erwähnten blitzschnellen Zusammenspiel innerhalb des Gehirns zwischen den verschiedenen auditiven Bereichen.«

Bevor wir in den nächsten Abschnitten auf die einzelnen Störungen genauer eingehen, möchte ich diesen Therapeuten noch mit einer Metapher zitieren, die er sich unter anderem für die Eltern der von ihm therapierten Kinder, aber auch für sprachauffällige Erwachsene ausgedacht hat und die für sein Bemühen, Verständnis für jede seiner therapeutischen Maßnahmen zu wecken, und auch für seinen besonders achtungsvollen Umgang mit seinen Klienten bezeichnend ist. Er bezeichnet diese Metapher als das Gleichnis von der Endkontrolle:

»Alles, was den Mund verlässt, unterliegt einer Endkontrolle. Welcher Endkontrolle? In einer Fernsehgerätefertigung werden an langen Fließbändern an vielen Einzelplätzen zahlreiche Teile entweder von Hand oder mit automatischen Bestückungsvorrichtungen eingefügt. Widerstände, Kondensatoren, Induktivitäten, integrierte Schaltkreise, Transistoren und schließlich der Bildschirm. Am Ende sind alle Teile beieinander; das Gerät sieht aus, als ob man es benutzen könne. Nun kommt es in die Endkontrolle. Erst dort wird festgestellt, ob die vielen erwähnten Teile im Gerät auch untereinander einwandfrei verbunden sind, Kontakt

Die Ordnungsschwelle und die Therapie

haben. Ganz am Ende dieser Endkontrolle wird das Gerät verpackt und mit Stempel und Unterschrift bestätigt, dass es einwandfrei arbeitet. Genauso sehe ich es bei uns Menschen. In unserem Gehirn werden die vielen ›Teile‹ beispielsweise für ein Wort oder einen Satz zusammengefügt. Wenn aber etwas fehlerhaft zusammengefügt wird, zu langsam oder auch zu schnell abläuft, wer ist dann für die Endkontrolle verantwortlich? Bei der unserem Mund entfleuchenden eigenen Sprachproduktion übernimmt diese Endkontrolle unser *Gehör*. Es meldet blitzschnell zurück, was es wahrnimmt, und sorgt für ebenso rasche Nachbesserung. So geschieht es sicher bei allen Lesern dieses Buches, deren zentrale Hörverarbeitung und -wahrnehmung einwandfrei funktionieren. Nur so kommen eine saubere Artikulation, ein richtig durchgegliedertes Wort oder eine stimmige Satzmelodie zustande. Manchmal versprechen wir uns. Manchmal aber auch nur beinahe – sicher kennen Sie das: Dann wird oft noch auf den Lippen korrigiert und der Versprecher ›in letzter Sekunde‹ verhindert. Falsch: In letzter Millisekunde! So blitzschnell schaltet also die Endkontrolle bei den Menschen, deren auditive Ordnungsschwelle einwandfrei arbeitet.

Bei artikulationsgestörten Kindern, bei leserechtschreibschwachen Kindern, die ja ebenfalls *alle* eine Grundstörung in der Hör*verarbeitung* haben, bei Stotterern usw. lässt es die gestörte Endkontrolle des Ohres eben doch zu, dass etwas Falsches den Mund verlässt. Bei ihnen reagiert diese Endkontrolle des Ohres zu spät, nachdem das Wort den Mund längst verlassen hat, oder sie reagiert überhaupt nicht. Es hat keinen Zweck, wenn ein anderer demjenigen, der undeutlich oder überhastet spricht, den sicher gut gemeinten Rat gibt, er möge doch deutlicher oder langsamer sprechen, erst Luft holen oder erst überlegen.

Diese Ratschläge eines anderen sind deshalb sinnlos, weil es um die *auditive Eigenkontrolle* geht, und zwar *innerhalb desselben* Gehirns. Es ist im Augenblick der Fehlleistung ohne Belang, was ein Außenstehender danach bemerkt. Genau in diese Lücke, in das Unvermögen der zeitgleichen auditiven Eigenkontrolle, stieß das Ordnungsschwellenmess- und -trainingsgerät. Wer beispielsweise eine auditive Ordnungsschwelle von 162 Millisekunden und eine Sprachstörung hat, bei dem arbeitet die auditive Ordnungsschwelle mit fünffacher Verlangsamung, das heißt, die Fehlbildung hat längst den Mund verlassen, bevor die ›Endkontrolle‹ des Sprechenden überhaupt eine Chance hatte, diese zu bemerken und gar zu korrigieren.«

Bleiben wir bei den Praktikern, die schon seit einiger Zeit mit dem Messen und Trainieren der Ordnungsschwelle eigene Erfahrungen sammeln und kritisch prüfen konnten. In jedem Fall kann das nachstehend beschriebene Beispiel von interessierten Laien, nachdem sie sich mit den Grundlagen der Kinesiologie befasst haben, durchaus nachvollzogen werden, zumal die Ordnungsschwelle hier lediglich zum Messen des therapeutischen Erfolges herangezogen wird.

■ Kinesiologie

Dies ist die Lehre von der Bewegung der Muskeln zwecks Feststellung der Energielage des menschlichen Körpers – vorzugsweise mittels der so genannten Muskeltests. Die Zahl der auch therapeutisch tätigen Kinesiologen steigt ständig an. Dabei tritt häufig die Frage der objektiven Messbarkeit der erzielten Erfolge auf. Eine Sonderschullehrerin, Helga Siewers, hat zur Jahreswende 1993/1994 an zwei Fallbeispielen bestimmte kinesiologische Techniken und anschließend eine richtungsweisende Erfolgskontrolle unter Benutzung der Ordnungsschwellenmessung eingesetzt.

Vorstellung der beiden Fallbeispiele

■ Jens, elf Jahre, war schon als Vorschulkind wegen eines verzögerten Sprachaufbaus auffällig geworden und vor allem deshalb ein Jahr später als üblich eingeschult worden. Er hatte mehrere Jahre Sprachtherapie und Bobath-Therapie durchlaufen. In seinen entwicklungsneurologischen Befunden wurden seine minimale zerebrale Bewegungsstörung und seine motorische Unruhe hervorgehoben. Seine unzureichenden Schulleistungen noch in der vierten Grundschulklasse waren nach den Feststellungen von Siewers auf folgende Einzelursachen zurückzuführen: Jens war sehr leicht ablenkbar und konzentrationsschwach. Seine Auge-Hand-Koordination war bei weitem nicht altersgerecht. Seine grobmotorischen Bewegungen waren völlig homolateral. Visuell auffällig war er insofern, dass er im mittleren Sehfeld einen »blinden Fleck« aufwies;

Kinesiologie 67

so ließ er beispielsweise in jeder Zeile, die er las, eine Silbe oder ein kurzes Wort vollständig aus. Dies war für Siewers ein deutlicher Hinweis auf die mangelnde Koordination der beiden Hirnhälften im visuellen Bereich. Daneben fiel es Jens deutlich schwer, die Buchstaben *b* und *d* voneinander zu unterscheiden, Text überhaupt richtig abzuschreiben und eigene Schreibfehler zu erkennen. Im auditiven Bereich konnte er bestimmte Phoneme nur mühsam voneinander unterscheiden. Seine Artikulation war – trotz der mehrjährigen Sprachtherapie – immer noch leicht verwaschen. Besonders schwer fiel es ihm, die Reihenfolge von Lauten innerhalb eines Wortes zu erkennen und anzugeben. Dies alles war für Siewers Anlass, bei Jens mithilfe eines der ersten verfügbaren Geräte dessen Ordnungsschwelle zu messen. Die Erstmessung am 19. Oktober 1993 ergab eine auditive Ordnungsschwelle von 240 Millisekunden und eine visuelle Ordnungsschwelle von 200 Millisekunden. Danach setzte das kinesiologische Training ein.

■ Christian, zehn Jahre, war ebenfalls vom Schulbesuch ein Jahr zurückgestellt worden. Als Siewers ihn kennen lernte, saß er teilnahmslos mit stumpfem Blick im Unterricht und arbeitete wesentlich langsamer als seine Mitschüler. Seine unzureichenden Schulleistungen waren nach den Feststellungen von Siewers auf folgende Schwächen zurückzuführen: Seine visuelle Gestaltwahrnehmung war auffallend schwach. Selbst einfache Buchstaben in der Vereinfachten Ausgangsschrift, wie beispielsweise *m – r – h – a*, konnte er weder richtig abmalen noch diese in kurzen Wörtern wie »auf« oder »hat« wiedererkennen. Der Grund dafür lag offenkundig in einer unzureichenden Auge-Hand-Koordination; denn führte man seine Hand in Form einer liegenden Acht vor seinem Gesichtsfeld, so gelang es ihm in keinem Bereich seines Sehfeldes, mit seinen Augen dieser Bewegung seiner Hand – und zwar sowohl der rechten Schreibhand als auch der linken Hand – zu folgen. Obwohl er sich anstrengte, kullerten seine Augen ziellos in jegliche Richtung.

Seine grobmotorischen Bewegungen waren homolateral, was auch hier auf eine unzureichende Koordination der beiden Hirnhälften schließen ließ. Seine auditive Zentralverarbeitung war ebenfalls schwach; er konnte Laute im Wort kaum differenzieren, insbesondere konnte er deren Reihenfolge im Wort nicht angeben. Auch dies war für Siewers wieder ein Hinweis auf die verlangsamte Ordnungsschwelle und Anlass, auch Christians Ordnungsschwelle zu messen. Die Erstmessung am 3. Oktober 1993 ergab eine auditive Ordnungsschwelle von 340 Millisekunden und eine visuelle Ordnungsschwelle von 220 Millisekunden. Deshalb setzte Siewers auch hier das kinesiologische Training ein.

Grundsätzliche Betrachtungen

Neugeborene bewegen sich noch einseitig; ihre Hirnhälften haben noch keine ausreichend stabile Verbindung miteinander. Die Myelinisierung und Programmierung des Corpus callosum (Balken zwischen den beiden Hirnhälften) formieren sich erst in der Kriech- und Krabbelphase, wenn also die Kinder beginnen, gekreuzte Bewegungsmuster zu erlernen. Bewegen sie beispielsweise gleichzeitig den rechten Arm und das linke Bein nach vorn, so wenden sie sich damit zugleich bestimmten visuellen, auditiven und/oder taktilen Reizen im rechten Gesichtsfeld zu. An diesen Reizen lernt die zentrale Sinnesverarbeitung, und neue Synapsen bilden sich vor allem unter Einbeziehung und Nutzung des Corpus callosum. Je mehr Bewegungs- und andere Reize das kindliche Hirn zu verarbeiten hat, um so stabiler werden die Nervenverbindungen zwischen den beiden Hirnhälften gebahnt und verstärkt.

Frau Siewers ging von der Annahme aus, dass Schüler mit homolateralen Bewegungen und deutlichen Wahrnehmungsschwächen vielleicht schon allein durch Überkreuzbewegungen in allen defizitären Wahrnehmungsbereichen aktiviert werden könnten, was sich dann in einer Verbesserung der als ursächlich angenommenen verlangsamten Ordnungsschwelle ablesen und beweisen lassen müsste. Synergistische Effekte würden so auch schnellere Reaktionszeiten in allen Wahrnehmungsbereichen bewirken, weil eben die verlangsamte Ordnungsschwelle als basale Funktion der »inneren Taktfrequenz des Gehirns« verbessert wurde. In diesem Sinn wurden die nachstehend beschriebenen Übungen ausgewählt, die entweder unverändert oder mit geringfügigen Modifikationen dem Buch »Brain-Gym« von Paul E. und Gail Dennison (2002) entnommen wurden.

Kinesiologie

Übungen zur Koordination der Gehirnhälften

Übung 1: »Lege dich flach auf den Rücken und halte deine Hände unter dem Kopf verschränkt. Führe dein rechtes Knie zum linken Ellenbogen und anschließend das linke Knie zum rechten Ellenbogen. Diese Übung machst du bitte täglich morgens zwanzigmal nach dem Aufstehen und dann wieder zwanzigmal vor deinen Hausaufgaben.«

Abbildung 7

Übung 2: »Lege dich flach auf den Rücken. Hebe dein linkes Bein und ziehe das gebeugte Knie bis zur Brust. Hebe den rechten Arm hoch und lege ihn mit ausgestrecktem Ellenbogen neben den Kopf. Drehe den Kopf nach rechts. Bewege den Kopf, das linke Bein und den rechten Arm wieder in ihre Ausgangslagen zurück. Wiederhole die Übung mit der anderen Seite. Diese Übung kannst du auch im Stehen machen. Auch diese Übung machst du bitte täglich morgens zwanzigmal nach dem Aufstehen und dann wieder zwanzigmal vor den Hausaufgaben.«

Übung 3: »Halte den Daumen zunächst der Schreibhand am gestreckten Arm in Augenhöhe vor die Körpermittellinie. Das wird der Mittelpunkt einer liegenden Acht, die du gleich in die Luft schreiben wirst. Zuerst machst du eine kreisähnliche Bewegung nach links oben und dann weiter im Kreis zurück bis zum Mittelpunkt. Anschließend führst du den Bogen nach rechts oben und weiter, bis die liegende Acht geschlossen ist. Diese Übung machst du bitte täglich morgens nach dem Aufstehen und dann wieder vor deinen Hausaufgaben, und zwar jeweils fünfmal mit der Schreibhand und fünfmal mit der anderen Hand.«

Abbildung 8

Bei der Übung 2 wurde Jens anfänglich schwindelig. Das war für Siewers ein klares Indiz dafür, dass stabile Nervenverbindungen für die zentrale Verarbeitung dieser zusammenwirkenden Reize nur schwach angelegt waren und ihre »Unsicherheit« über das Vestibulärsystem signalisierten. Die liegende Acht in der dritten Übung ist dazu bestimmt, das rechte und das linke Sehfeld zusammenzufassen und zu einer ganzheitlichen zentralen Verarbeitung zu führen. Das bedeutet zugleich eine Verstärkung des binokularen Sehens. Durch allmähliches Steigern der Geschwindigkeit der Übung 3 sollte auch eine Beschleunigung der Reizaufnahme bewirkt werden, was sich wiederum in einer kürzeren Ordnungsschwelle ablesen lassen sollte.

Ergebnisse

Da Siewers davon ausging, dass die Ordnungsschwellenwerte der beiden Kinder deutlich über den in der Literatur genannten Werten liegen würden, wurde schon zur Ermittlung der genannten Anfangswerte das Gerät vorsorglich auf eine Ausgangsstellung von 200 Millisekunden gebracht, um eine unnötige psychische Belastung der Kinder durch zu viele Misserfolgserlebnisse zu vermeiden. Es gelang Siewers, beide Kinder zum Durchhalten der regelmäßigen häuslichen Übungen gemäß zu motivieren. Im Einzelnen stellten sich folgende Veränderungen ein:

Jens hat sich von seinem einseitigen Bewegungsmuster vollständig gelöst und bewegt wie selbstverständlich beim Gehen und beim Laufen die Arme und Beine gegenläufig. Er liest wesentlich besser und erkennt auch im mittleren Sehfeld jedes Wort. Entsprechend verbessert hat sich auch seine Rechtschreibung. Seine Mutter berichtet, dass sich auch seine Konzentrationsfähigkeit erheblich verbessert habe. Eine erneute Messung seiner Ordnungsschwelle am 20. Dezember 1993 ergab in allen Bereichen Werte um 40 Millisekunden, also praktisch ganz »normale« Werte.

Christian wirkt heute nicht mehr abwesend, sondern seine Augen strahlen. Seine Lehrer berichteten Siewers, dass er nun interessiert und sachlich aufgeschlossen sei. Beim Abschreiben mache er gar keine Fehler mehr, während seine Rechtschreibleistungen noch förderungsbedürftig seien. In einem Mathematiktest habe er unlängst ein glatte Eins geschrieben, was früher undenkbar gewesen wäre, da er auch in diesem Fach viel zu langsam arbeitete. Auch Christian selbst sieht seine Verbesserung klar: »Ich kann mich jetzt viel besser konzentrieren.« Seine neue Ordnungsschwelle, gemessen am 25. November 1993, betrug auditiv 57 und visuell 42 Millisekunden, also ebenfalls fast »normale« Werte.

Für beide Jungen war es natürlich anschließend unbedingt nötig, die beschriebenen Bewegungsübungen fortzusetzen, um das Gelernte zu festigen und bei den erreichten guten Ordnungsschwellenwerten zu bleiben – mit all den positiven Nebenwirkungen auf ihre Konzentrationsfähigkeit und auf ihre Gesamtpersönlichkeit.

■ Lese-Rechtschreib-Schwäche

Aus der im Abschnitt »Feststellung der Altersabhängigkeit« beschriebenen Arbeit ergibt sich, dass sprachunauffällige, also gut schreibende Kinder die typischen Ordnungsschwellenwerte von Erwachsenen etwa mit neun Jahren erreichen. Ferner wissen wir, dass sprachauffällige Kinder deutlich höhere Ordnungsschwellenwerte zeigen als sprachunauffällige. Im Wissen um diese Zusammenhänge ist auf meine Anregung hin schon 1993 an einer norddeutschen Grundschule eine Reihenuntersuchung der Ordnungsschwelle an allen Schülern durchgeführt worden, deren Eltern zuvor zugestimmt hatten. Die Ergebnisse dieser Arbeit, die an der Fachhochschule Hannover unter dem Titel »Statistische Auswertung einer Untersuchung an einer Grundschule und einer Kindestagesstätte 1993« von der Informatikerin Maike Schulz erstellt wurde, belegt zum einen noch einmal klar an einer wesentlich größeren Schülerzahl, dass tatsächlich ein signifikanter Zusammenhang zwischen der Ordnungsschwelle und der Rechtschreibleistung der getesteten Kinder in denjenigen drei Jahrgangsstufen besteht, bei denen neben der Ordnungsschwelle auch die Rechtschreibleistung mit einem genormten Rechtschreibtest erhoben werden konnte.

Ein solcher statistisch eindeutig nachgewiesener Zusammenhang allein sagt natürlich nichts oder nicht viel darüber aus, worin die innere Verknüpfung zwischen den beiden gemessenen Werten besteht. Hierzu gibt es zwar noch keine direkt darauf abgestellten Untersuchungen, aber doch breiter angelegte internationale wissenschaftliche Arbeiten, die recht eindeutige Erklärungsmodelle zulassen. So hat die internationale Forschung auf dem Gebiet des verzögerten Aufbaus von Laut- und Schriftsprache schon vor geraumer Zeit festgestellt, dass die grundlegende Ursache von beiden Auffälligkeiten in der zentralen Hörverarbeitung der Betroffenen zu suchen sei, und zwar vor allem in der *zeitlichen Reizverarbeitung*, das heißt in der Ordnungsschwelle. In einem Symposium an der New York Academy of Sciences vom 12. bis 15. September 1992 unter dem Titel »Temporal Processing in the Nervous System – Special Reference to Dyslexia and Dysphasia« berichteten mehr als hundert Wissenschaftler über ihre jüngsten Erkenntnisse auf diesem Gebiet. Der Berichtsband mit 60 Einzelreferaten liegt seit Juni 1993 vor. (Der »Spiegel« berichtete in Heft 37/1994 über die nachstehenden Ergebnisse.) Das Vorwort der Leiterin dieses Symposiums, Paula Tallal (1993) von der Rutgers University in Newark (N. J.), sei wegen seiner Wichtigkeit hier in der deutschen Übersetzung zitiert:

»Traditionsgemäß sind Entwicklungsauffälligkeiten der Lautsprache (Dysphasie) und der Schriftsprache (Dyslexie) als getrennte klinische Erscheinungsbilder angesehen worden. Jüngere Forschungsergebnisse haben aber zu der Annahme einer engen Verbindung zwischen diesen beiden Entwicklungsstörungen geführt. Erstens haben Längsschnittstudien nachgewiesen, dass Kinder mit lautsprachlichen Auffälligkeiten auch ein hohes Risiko tragen, schriftsprachliche Störungen zu entwickeln. Zweitens scheinen die neuropsychologischen Profile, insbesondere auf dem Gebiet der phonologischen Auffälligkeiten und spezifischer zeitlicher Verarbeitungsdefizite, bei Kindern mit lautsprachlichen und mit schriftsprachlichen Auffälligkeiten sehr ähnlich zu sein.

Laut- und schriftsprachliche Auffälligkeiten sind sowohl aus linguistischer als auch aus neuropsychologischer Sicht untersucht worden. Die Ergebnisse der linguistischen Untersuchungen haben gezeigt, dass die Defizite zu einer Verdichtung auf der phonologischen Ebene neigen, mit spezifischen Problemen in der phonologischen Verarbeitung und Wahrnehmung. Neuropsychologische und neurophysiologische Untersuchungen haben bei diesen Kindern eine offenkundige Vielfalt von Auffälligkeiten erkennen lassen, die von auditiven und visuellen Verarbeitungsschwierigkeiten bis zu feinmotorischen Problemen reichen. In jüngster Zeit jedoch wird angenommen, dass sprachbehinderte Kinder eine spezifische zeitliche Verarbeitungsstörung aufweisen, die ursächlich sowohl für ihre phonologischen als auch für ihre neuropsychologischen

Defizite sein dürfte und so den kleinsten Nenner für die Vielschichtigkeit ihrer Verhaltenssymptomatik darstellen dürfte.

Zeitliche Mechanismen im Nervensystem spielen eine zentrale Rolle in grundlegenden Aspekten der Informationsverarbeitung und -Produktion und dürften besonders kritisch für die normale Entwicklung und Aufrechterhaltung sowohl der sensomotorischen Integrationssysteme als auch der phonologischen Systeme sein. Das Ziel dieser Konferenz war die Integration der Forschungsergebnisse zur zeitlichen Informationsverarbeitung in unserem Nervensystem auf den verschiedensten Gebieten und das Zusammenführen von Wissenschaftlern, deren Forschung sich auf die grundlegenden neuralen Wirkungsmechanismen der zeitlichen Integration, auf die grundlegenden Mechanismen der phonologischen Verarbeitung und auf Untersuchungen an laut- und schriftsprachlich behinderten Kindern konzentrieren. Wir hoffen, dass diese Druckschrift der Integration aller wichtigen anatomischen, physiologischen und verhaltensmäßigen Daten bezüglich der zeitlichen Informationsverarbeitung in unserem Nervensystem dienen wird, und zwar mit besonderer Betonung der zeitlichen Fehlfunktionen bei Kindern mit laut- und schriftsprachlichen Auffälligkeiten.«

Tallal spricht in diesem Vorwort – ebenso wie die meisten Beiträge – immer wieder von »*zeitlicher* Informationsverarbeitung« und von »*zeitlichen* Verarbeitungsstörungen« (»temporal information processing« und »temporal processing disorder«). Den Begriff der Ordnungsschwelle (»order threshold«) hat sie nicht verwendet. Doch die Benutzung von zwei unterschiedlichen Begriffen für ein nahezu identisches Phänomen muss ja nicht gegen dieses Phänomen sprechen.

Ich denke, dass eine verlangsamte Ordnungsschwelle nicht *unbedingt* eine Lese-Rechtschreib-Schwäche zur Folge haben muss, und zwar aus folgender Überlegung heraus: Wenn ein Kind während seines Sprachaufbaus eine gegenüber dem Durchschnittswert der Gleichaltrigen deutlich verlangsamte Ordnungsschwelle hat, wird es Schwierigkeiten mit dem Erkennen von Wörtern auf der Lautebene haben. Ist es aber sehr intelligent, so wird sein Gehirn unbewusste Ersatzstrategien ersinnen, die beispielsweise darin bestehen können, dass dieses Kind gehörte Texte nicht auf der

Lautebene, sondern auf der längeren Silben- oder gar Wortebene dekodiert, also auf den höheren Stufen des oben erläuterten Ptok-Modells. Da es in der deutschen Sprache nur etwa vierzig Laute gibt, aber ein Vielfaches davon an Silben oder gar Wörtern, verbraucht ein solches Kind unnötig viel Energie mit einer derart unwirtschaftlichen und zeitraubenden Sprachdekodierung.

Also: Nicht jedes Kind mit verlangsamter Ordnungsschwelle *muss* eine Lese-Rechtschreib-Schwäche zeigen. Aber umgekehrt dürfte es kaum einen leserechtschreibschwachen Schüler geben, dessen Ordnungsschwelle der eines gutschreibenden Gleichaltrigen entspricht. Unter den mehr als zweitausend leserechtschreibschwachen Schülern, deren Ordnungsschwellen ich selbst gemessen habe, war jedenfalls keiner mit der altersgerechten Ordnungsschwelle eines Gutschreibenden. Das galt allerdings nur vor dem Training.

Hier möchte ich von einem besonders erfreulichen eigenen Fall berichten: Der siebzehnjährige Thomas stand im März 1994 vor der schmerzlichen Erkenntnis, dass er die Mittlere Reife nicht schaffen werde. Ein herber Schock für die Eltern, beide Akademiker. Seit seiner Einschulung litt Thomas stark unter Lese-Rechtschreib-Problemen, die zunehmend auch seine Leistungen in den meisten anderen Fächern niederdrückten. Auf Empfehlung seiner langjährigen Nachhilfelehrerin suchte er mich im März 1994 auf. Ich stellte als eine wichtige Ursache von Thomas' Legasthenie eine sehr stark verlangsamte Ordnungsschwelle fest. Mit einem klar verabredeten Übungsplan unter zusätzlicher Einbeziehung meines Lateral-Trainings ging nun Thomas – neu motiviert – an die Arbeit. Anfang Juli 1994 erhielt er sein Zeugnis der Mittleren Reife mit einem Zensurenschnitt von 2,7. Sein nächstes Ziel wurde nun das Abitur, das ihm vorher unerreichbar erschienen war.

Aber auch der schon zitierte Therapeut arbeitet mit leserechtschreibschwachen Kindern. Auch er vertritt den Standpunkt, dass es in den meisten Fällen dieser Art nicht gelingen kann, *allein* mit dem Ordnungsschwellentraining etwas »zu heilen«. Deshalb benutzt er meistens eine Kombination des Ordnungsschwellentrainings mit dem in meinem Buch »Was Hänschen nicht hört...« beschriebenen

Lateral-Training. Nach seinen Erfahrungen wurden früher ohne das Ordnungsschwellentraining die unterschiedlichsten, aber selten ganz zufrieden stellende Ergebnisse erzielt, unter Hinzuziehung des Ordnungsschwellentrainings komme es zu einem förmlichen Umkippen in Richtung sehr guter Ergebnisse. Er meint, das dürfe daran liegen, dass man mit dem Ordnungsschwellentraining tatsächlich an die Ursache der Störung herankomme. Hier drei seiner beispielhaften Kinder:

■ Beispiel 1: Sandra, zwölf Jahre alt, zeigte ausgeprägtes Leistungsversagen im Bereich Lesen und Rechtschreibung. Im Hörtest der *zentralen Hörverarbeitung* ergaben sich rechts und links zahlreiche Ausfälle. Im April 1994 betrug die auditive Ordnungsschwelle 255 (!) Millisekunden. Im September 1994 waren es nur noch 89 Millisekunden. Zusätzlich aufgenommene EEGs im Mai 1994 und im September 1994 zeigen ebenfalls eine erstaunliche Veränderung der Hirnstromaktivitäten an. Auch die Rückmeldungen seitens der Schule bestätigen eine sehr positive Entwicklung. Erst durch dieses Training hat Sandra offenbar eine Chance erhalten, dass sie ihr Gehirn richtig einsetzen kann. Dieses Mädchen hat ein Ordnungsschwellentrainingsgerät, sie trainiert, nachdem sie aus der Schule gekommen ist, täglich mehrere Male jeweils zwei bis drei Minuten. Daneben finden weder Nachhilfeunterricht noch sonstige Förderung statt. *Dieses* Ergebnis ist also *allein* durch das Ordnungsschwellentraining erreicht worden, was aber nicht als Regel ausgelegt werden darf.

■ Beispiel 2: Der Therapeut hat wiederholt festgestellt, dass beim Ordnungsschwellentraining nicht nur der Leistungsbereich aktiviert wird, sondern dass es zu erheblichen Veränderungen auch im sekundären Bereich, also zum Beispiel in der Motivation, im Verhalten, in der Atmosphäre und der Stimmung kommt. Simons Ordnungsschwelle im Januar 1994 betrug 163 Millisekunden. Im Juni 1994 waren es 29 Millisekunden. Im Januar 1994 war noch heiß diskutiert worden, ob der Junge überhaupt in die Klasse 6 versetzt werden könne. Kurz vor dem Versetzungstermin gab es darüber keinerlei Diskussion mehr – seine Leistungen waren ausgeglichen. Seine Mutter lieferte eine Auflistung typischer Eigenschaften und Verhaltensweisen ihres Sohnes vor und nach dem erfolgreichen Training (Tab. 2).

Lese-Rechtschreib-Schwäche   77

Tabelle 2

Vorher	Nachher
Rechtschreibschwäche	Lernerfolge im Deutschen
Konzentrationsschwäche	Gesteigerte Konzentration
Mangelnde Motivation	Starke Motivation
Schlechte Befindlichkeit	Gutes Allgemeinbefinden
Schlechtes Verständnis	Gutes Verständnis
Lange Verarbeitungszeiten	Kurze Verarbeitungszeiten
Mangelnde Aufnahmefähigkeit	Hohe Aufnahmefähigkeit
Schlechtes Reaktionsvermögen	Schnelles Reaktionsvermögen
Verwaschene Aussprache	Deutlichere Aussprache
Wenig Selbstkontrolle	Gute Selbstkontrolle

■ Beispiel 3: Von Andreas gibt es umfangreiche Akten aus der Kinder-
neurologie mit dem Hauptinhalt von Teilleistungsstörungen und Schul-
leistungsversagen. Unter mehreren Geschwistern ist er der einzige, der
große Schwierigkeiten hat. Bis zum Beginn der Therapie wurden über
Jahre viele Versuche unternommen, dem Jungen mit den üblichen Fördermaßnahmen zu helfen, aber nichts hat gegriffen. Im Mai 1994 leitete
der Therapeut bei Andreas sein inzwischen routinemäßiges EEG ab.
Dann setzte er Andreas vor das Ordnungsschwellentrainingsgerät. Andreas arbeitete »wie ein Weltmeister« – aber 242 Millisekunden waren das
Ergebnis. Unmittelbar nach diesem Test, der ja gleichzeitig auch ein Training von drei Minuten darstellte, wurde bei Andreas ein weiteres EEG
abgeleitet. Daraus wurde schon sehr deutlich, was durch diese kurze Arbeit mit und an der Ordnungsschwelle in seinem Gehirn aktiviert wurde.
    Im September 1994 nahm der Therapeut wieder ein EEG ab, aus dem
nun erkennbar wurde, dass sich die Situation im Hirnstrombild ausglich.
Bei all diesen Messungen war der Vater oder die Mutter anwesend. Sie
bestätigten, dass sich bei Andreas einiges zu verändern begonnen hatte,

und zwar sowohl schulisch als auch insbesondere in seinem persönlichen Befinden. Andreas hatte im September 1994 eine auditive Ordnungsschwelle von 38 Millisekunden. Der Therapeut meint dazu, die Verbesserung der auditiven Ordnungsschwelle allein sei für ihn nicht das Entscheidende. Wichtiger sei ihm, dass sich bei diesem Kind in seiner Gesamtsituation eine ganze Menge in Bewegung gesetzt habe.

Abschließend zu dieser Berichterstattung wendet sich dieser Therapeut an solche Kollegen und Wissenschaftler, die ebenfalls mit leserechtschreibschwachen Kindern arbeiten, und zwar vor allem an diejenigen, die – wie er – über die Möglichkeit der Aufnahme und Analyse von EEGs verfügen:

»Bei mir entstand die Überlegung, in einem groß angelegten Feldversuch herauszufinden, welche Frequenzbereiche im EEG durch die Ordnungsschwelle allein besonders aktiviert werden. Die hier dargestellten drei Beispiele sollen meine Therapeutenkollegen dazu ermutigen, in ihre therapeutischen Überlegungen das Ordnungsschwellentraining mit einzubeziehen, weil dadurch sichtbare, spürbare und nicht zuletzt auch messbare Ergebnisse entstehen.«

Ein solcher Feldversuch mit einem erheblich ausgeweiteten Konzept unter Einbeziehung aller wichtigen Low-Level-Funktionen, also nicht allein der Ordnungsschwelle, ist inzwischen vom Kultusministerium Thüringen unter Leitung durch Uwe Tewes von der Medizinischen Psychologie der Medizinischen Hochschule Hannover durchgeführt worden.

▣ Aphasie

Im Abschnitt »Aphasikertraining« wurde davon berichtet, dass die Forscherin bei Aphasikern einen direkten Zusammenhang zwischen deren Ordnungsschwellenwerten und der Lautdiskrimination zumindest zwischen einem Kontinuum der Silben von *da* nach *ta* nachgewiesen hat, obwohl diese Aphasiker ihre Ordnungsschwelle acht Wochen lang nur *einmal pro Woche* je *eine Stunde* trainieren konnten. Ich war interessiert zu ergründen, ob sich dieser Zusammenhang zwischen Ordnungsschwelle und Aphasie über diesen klinischen Versuch an einer vergleichsweise kleinen Zahl von Patienten hinaus auch an weiteren Patienten nachweisen lassen würde.

Auch hier verdanke ich dem Sprachheilpädagogen wichtige Erkenntnisse. Unter den wöchentlich bis zu hundert von ihm betreuten Patienten sind auch zahlreiche Aphasiker. Die Behandlung von Aphasikern – und sei es auch nur das Training von deren Ordnungsschwelle – muss zunächst immer von Fachleuten begleitet sein. Dabei kann es sich im Einzelfall um Ergotherapeuten, Logopäden, Sprachheilpädagogen oder Sprachheiltherapeuten handeln.

Der Therapeut verfügt auch mit dieser Patientengruppe inzwischen über umfängliche Erfahrungen; er ist neben seiner Privatpraxis in der Intensivstation und in den Akutabteilungen einer großen Klinik tätig. Ihm sind deshalb Aphasiepatienten in den ersten Tagen nach einem Insult sehr vertraut. Oft genug steht er jemandem gegenüber, der ihn mit großen Augen anschaut, etwas sagen möchte – und es geht nicht. Nach seiner Überzeugung ist es bei den meisten Schlaganfallpatienten ziemlich sinnlos, mit einem Stück Papier den Patienten zum Lesen oder gar zum Schreiben bewegen zu wollen. In der Akutphase sind nach seiner Erfahrung andere Maßnahmen viel wichtiger – Zuwendung, Verständnis, also Angebote, die unter Umständen bei Sprachverständnisschwierigkeiten kognitiv nicht entschlüsselt werden müssen. Dazu gehört Musik, die er für jeden einzelnen Patienten ausgewählt:

»Seit einigen Jahren arbeite ich bei Aphasikern in der Akutsituation und auch später in der ambulanten Therapie mit lateralisierter Musik. Auch in der Aphasietherapie hat die Ordnungsschwelle einen ganz bestimmten Stellenwert, aber erst später, nachdem andere Fragen abgeklärt und andere Störungen abgearbeitet sind. Zunächst muss dafür gesorgt werden, dass die linke Hemisphäre überhaupt wieder empfängt beziehungsweise sendet. Das lässt sich im dichotischen Sprachverständlichkeitstest nachweisen. (Bei diesem Test werden den beiden Ohren des Patienten über

Kopfhörer gleichzeitig zwei verschiedene zweistellige Zahlen oder drei-silbige Wörter zugespielt, die er *beide* wiederholen soll.) Anfangs antworten die Patienten auf die Angebote über das rechte Ohr, also die linke Hirnhälfte, überhaupt nicht. Sie wiederholen nur die Angebote über das linke Ohr.

Nach einer bestimmten Zeit mit lateralisierter Klangtherapie verändert sich der dichotische Hörtest in seinen Ergebnissen erheblich. Auf der ursprünglich völlig ausgefallenen Seite antwortet der Patient nun schon mit Bruchteilen eines gehörten Wortes. Anstelle von ›Ofenrohr‹ zum Beispiel nur mit ›. . . rohr‹, anstelle von ›Lattenzaun‹ zum Beispiel nur mit ›Latte . . .‹. Aber immerhin – die linke Hemisphäre meldet sich wieder zurück. Das ist nun der Augenblick, in dem das Ordnungsschwellentraining sinnvoll einzusetzen ist. Da das Ordnungsschwellentraining mit sehr hoher Verarbeitungsgeschwindigkeit abläuft und da die beiden Sinnesreize mit einem Abstand von nur einigen hundertstel Sekunden eintreffen, wäre es bei Patienten, die auf der einen Seite überhaupt nicht empfangen, sinnlos, am Anfang Ordnungsschwellentraining einzusetzen. Deshalb muss die oben beschriebene Vorarbeit erst abgeschlossen sein.

Nach einem schweren Insult bei einem zweiundachtzigjährigen Patienten machte ich versuchsweise einen Ordnungsschwellentest. Er war am 11. Januar 1994 nicht durchführbar. Am 15. März 1994 signalisierte der Patient nach lateralisierter Klangtherapie 112 Millisekunden. Am 7. Juni 1994 hatte er 62 Millisekunden erreicht. In der Zwischenzeit hatte sich seine Sprache sehr schön regeneriert und sein Sprachverständnis wieder aufgebaut. Geblieben sind nur noch Wortfindungsstörungen. Wenn er also zum Zahnarzt muss, überlegt er, ob er zum ›Bohrmeister‹, zum ›Zangenmunder‹ oder zum ›Mann-mit-dicker-Backe‹ gehen muss, er findet also Umschreibungen. Am Anfang saß er nur schweigend da und zuckte nur mit den Schultern. Das zu Beginn am 11. Januar 1994 abgeleitete EEG und das vom 7. Juni 1994 spiegeln diese Verbesserung deutlich wieder.

Über eine längere Zeit habe ich bei Schlaganfallpatienten die eine Gruppe so behandelt, wie ich es seit mehreren Jahrzehnten kannte. Bei einer zweiten Gruppe habe ich über einen bestimmten Zeitraum vor allen Dingen auditives Training durchgeführt, wozu im ersten Abschnitt lateralisierte Klangtherapie gehört, und dann das Ordnungsschwellentraining. Dabei wurde klar, dass künftig bei keinem meiner Schlaganfall-

Stottern   81

patienten auf Klangtherapie und das Ordnungsschwellentraining ver-
zichtet werden darf; denn der Unterschied in der Rehabilitation dieser
Patienten war so gravierend, dass ich es aus ethischen Gründen nicht
mehr verantworten könnte, diesen Patienten zu gegebener Zeit das Ordnungsschwellentraining vorzuenthalten. Es stellt schlicht eine Reaktivie-
rung der zum Erliegen gekommenen Funktionen in wesentlichen Teilen
ihres Gehirns dar, das durch andere Verfahren gar nicht erreicht werden
kann.«

Stottern

Zunächst eine kurze Begriffsbestimmung der beiden unterschiedlichen Redeflussstörungen, nämlich des »klonischen« und des
»tonischen« Stotterns: Wenn jemand schon bei Anlaut eines Wortes, insbesondere bei den Verschlusslauten *b – d – g – k – p – t*
immer wieder stecken bleibt und diese Laute hämmernd, manchmal fast maschinengewehrartig wiederholt, so ist er ein *klonischer*
Stotterer. Das Wort »klonisch« kommt aus dem Griechischen und
bedeutet soviel wie »schüttelnd, krampfhaft zuckend«. Wenn er
dagegen oftmals stumme Pressversuche zeigt, die dem Beginn
oder dem Weitersprechen eines Wortes vorangehen, spricht man
von einem *tonischen* Stottern. Das Wort »tonisch« bedeutet hier
»durch anhaltende Muskelanspannung gekennzeichnet«.

Betroffen vom Stottern sind in Deutschland etwa eine Million
Menschen. Ein Teil von ihnen hat sich in Selbsthilfegruppen orga-
nisiert. Umfang und Art der verschiedenartigen Therapieverfahren lassen sich heute kaum noch übersehen. Manche Wissenschaftler erklären, dass *jede* Stottertherapie *zunächst* Abhilfe
bringe, die aber in den wenigsten Fällen von Dauer sei. Ähnlich
wie bei Tinnitus-Leidenden lautet die Empfehlung, dass sie lernen
müssten, mit ihrem Leiden zu leben. Eine grundlegende, systema-
tische Darstellung des Stotterns und seiner vermutlichen Ursachen findet sich in dem Standardwerk »Stottern« von Peter Fiedler

und der Renate Standop (1994). Die Schlussfolgerung dieses Buches möchte ich in einem einzigen Satz zusammenfassen: Der Stotterer stottert immer dann, wenn er Angst vor dem Stottern hat und weil er Angst vor dem Stottern hat.

Aufgrund *welcher* vorstellbaren zentralen hirnorganischen, innerpsychischen oder innerphysischen Verknüpfungen kann die Angst vor dem Stottern die eigentliche Ursache dieses Stottern sein? Meine Überlegung eines Ursachenkonzeptes gehen von einer Arbeitshypothese aus, die mit einer messbaren und damit für den Stotterer nachvollziehbaren und einsehbaren Grundlage arbeitet, nämlich mit der Ordnungsschwelle.

In diesem Buch wurde schon eine Anzahl von Personengruppen vorgestellt, deren Ordnungsschwellen von den ursprünglichen »Normalwerten« von Pöppel mehr oder weniger weit nach oben abweichen. Durch weitere Untersuchungen habe ich feststellen können, dass die Ordnungsschwelle sehr stark kontextabhängig ist und selbst bei so genannten »völlig normalen Menschen«, beispielsweise unter Stress, bis zum Doppelten ihrer Normalwerte ansteigen kann. Dazu gehörten auch Stotterer, bei denen die Ordnungsschwellenwerte situationsabhängig besonders stark zu schwanken scheinen.

Da sich aber die typischen Verschlusslaute *b* – *d* – *g* im Bereich von etwa 20–40 Millisekunden und *k* – *p* – *t* im Bereich von etwa 50–80 Millisekunden abspielen, ist bei einer derartigen Ordnungsschwelle ein rasches und treffsicheres Feedback der eigenen Sprachproduktion etwa durch einen Stotterer nicht mehr darstellbar. Die verunsicherte zentrale Hörverarbeitung des klonischen Stotterers könnte verzweifelt versuchen, durch wiederholtes, neuerliches Artikulieren vor allem dieser kurzen Phoneme das Defizit wieder in den Griff zu bekommen – so könnte sein Stottern entstehen. Beim tonischen Stotterer dagegen könnte sich dieser verloren gegangene Gleichtakt zwischen Produktion und Wahrnehmung des eigenen Sprechens zu den eingangs erläuterten verzögernden Pressversuchen vor Beginn oder innerhalb eines Wortes führen. Für diese Hypothese spricht, dass fast alle Stotterer erklären, sie hätten gelegentlich oder auch häufiger Zeiten, in denen sie »flüssig« seien, wie sie es gern formulieren. Das wären – nach meiner Hypothese – die Zeiten, in denen ihre Ordnungsschwelle kurz und normal ist.

Ich kenne eine Reihe von Stotterern, die mithilfe eines Ordnungsschwellentrainingsgeräts tatsächlich ihrer Ordnungsschwelle zu größerer Stetigkeit verholfen haben und damit zugleich auch die Zeiten verlängert haben, in denen die »flüssig« sind. Aus diesen Einzelfällen, so möchte ich vorsorglich anmerken, können jedoch noch keine allgemein gültigen Schlüsse auf die Richtigkeit meiner Arbeitshypothese gezogen werden. Vielmehr schiene es sinnvoll, an einer geeigneten Institution eine sorgfältige Untersuchung der Zusammenhänge zwischen Ordnungsschwelle und Stottern anzustellen.

Bei einer derartigen Untersuchung – und in jedem Einzelfall eines Stotterers – sollte aber auf eine Erscheinung geachtet werden, die nach meinen Erfahrungen bei Stotterern oft auftritt und eine dauerhafte Heilung des Stotterns schwierig gestaltet, nämlich der »sekundäre Leidensgewinn«. Dieser Begriff lässt sich – in Anlehnung an das »Pschyrembel Klinisches Wörterbuch« – als der objektive oder gegebenenfalls auch subjektive Vorteil definieren, den ein Mensch aus seiner Krankheit zieht, und zwar beispielsweise durch Zuwendung und Anteilnahme, Entlastung von alltäglichen Pflichten und Belastungen sowie Gewährung sozialer und/oder ökonomischer Vorteile. Werden diese Vorteile subjektiv im Vergleich zum Leiden als gewichtiger erlebt, hat kaum ein Therapeut eine Chance: Wenn ein sekundärer Leidensgewinn unerkannt bleibt, ist auch ein ansonsten Erfolg versprechendes Therapieverfahren zur Aussichtslosigkeit verurteilt.

Aber einige hoffnungsweckende Erfahrungen aus der Praxis liegen auch in Richtung der Stotterer bereits vor. Wieder ist es der rührige Therapeut, dem ich eine weiterführende Hypothese verdanke, nach der er Stotterern neuerdings hilft. Ich gebe diese ebenfalls noch nicht breiter abgesicherte Hypothese deshalb mit denselben Vorbehalten wieder, die schon für meine bisherigen

Ausführungen in diesem Abschnitt gelten: Sein grundsätzliches Vorgehen basiert auf der sorgfältigen Messung der Ordnungsschwelle gleich beim Erstkontakt mit dem Stotterer und einer Verknüpfung mit dem »Lee-Effekt«:

Der amerikanische Wissenschaftler B. S. Lee hat 1950 ein Verfahren erarbeitet, das darin besteht, dass einem sprechenden Menschen seine eigene Stimme zeitlich verzögert zugeführt wird. Das geschah zu jener Zeit noch mittels einer Tonbandaufzeichnung, bei der mit getrennten Aufnahme- und Wiedergabeköpfen gearbeitet wurde. Um diejenige Zeitspanne, die das Tonband brauchte, die Strecke zwischen den beiden Köpfen zurückzulegen, hinkte der Wiedergabeton gewissermaßen hinterher. Heute lässt sich diese gewünschte Verzögerung elektronisch fast beliebig verändern, und zwar im Bereich zwischen einer bis zu mehreren hundert Millisekunden.

Lässt man einen flüssig sprechenden Menschen in das Mikrofon einer derartigen Lee-Verzögerungseinrichtung sprechen, sodass er seine eigene Stimme solcherart verzögert hört, beginnt er sofort zu stottern. (Das ist heute bei einigen Armeen dieser Welt eine bewährte Methode, um Hörbehinderten-Simulanten zu überführen: Wenn sie wirklich hörbehindert sind, nehmen sie ihre verzögerte Sprache im Kopfhörer gar nicht wahr und sprechen zügig weiter. Haben sie aber die Hörbehinderung nur simuliert, so hören sie ihre eigene verzögerte Stimme und fangen an zu stottern.) Die Erklärung für diese Auswirkung besteht darin, dass flüssig Sprechende – dank ihrer kurzen Ordnungsschwelle – ihre eigene Stimme sonst sofort, also ohne jede merkbare Verzögerung, mithören. Mit dem Lee-Effekt werden sie aus ihrem Takt gebracht.

Es lag nahe, diesen Effekt nun auch bei Stotterern auszuprobieren. Und das Erstaunliche geschah: Zahlreiche Stotterer hörten bei diesem Versuch spontan auf zu stottern. Allerdings auf Kosten ihrer Sprechgeschwindigkeit; denn die passten sie automatisch der verzögerten Wahrnehmung ihrer eigenen Stimme an. Elektronikhersteller liefern seitdem miniaturisierte Geräte mit einer solchen Lee-Verzögerung zur ständigen Benutzung durch Stotterer. Die genaue Verzögerungszeit musste damit einstellbar sein, weil sie für jeden Stotterer andere Werte aufweisen musste. Erkennen kann man die damit Ausgerüsteten leider daran, dass sie nun, anstatt zu stottern, ständig extrem gedehnt sprechen, was fast noch auffälliger ist als gelegentliches Stottern. Das dürfte auch der Grund sein, weshalb die Verbreitung dieser Lee-Geräte sehr gering ist. Aber an der Tatsache, dass die *richtige* Verzögerungszeit offenbar ein höchstpersönlicher Wert jedes einzelnen Stotterers ist, setzt die Überlegung des Therapeuten ein:

Wenn auch das Stottern die Auswirkung einer ständig oder zeitweise verlangsamten Ordnungsschwelle wäre, müsste sich doch durch eine akustische Rückmeldung der Sprache des Stotterers *genau* entsprechend seiner augenblicklichen Ordnungsschwelle die *richtige* Zeitdauer für die Kontrolle dieses Stotterers über seine Sprachproduktion ergeben. Hat der Stotterer also beispielsweise – und das ist ein realistischer Wert! – eine Ordnungsschwelle von 120 Millisekunden, so wäre auf dem Lee-Gerät eine Verzögerung von ebenfalls 120 Millisekunden einzustellen, um dieser arg langsamen zentralen Hörverarbeitung genau zu entsprechen. Der Therapeut hat diese Annahme, wie er mir berichtete, an zahlreichen Stotterern überprüft. In allen Fällen ergab sich bei dieser Art der Festlegung der Lee-Verzögerung anhand der zuvor gemessenen Ordnungsschwelle ein spontanes Aufhören des Stotterns – natürlich nur, solange die Verzögerung aufrechterhalten wurde und unter Inkaufnahme der nun entsprechend gedehnten Sprechweise des Stotterers.

Deshalb hat der Therapeut diese Methode auch nur zum Nachweis der Richtigkeit seiner Annahme und zur Überzeugung seiner stotternden Patienten benutzt. Seine eigentliche Therapie besteht dann wieder im systematischen Einsatz des Trainings der Ordnungsschwelle. Damit rückt er ganz bewusst von der starken Betonung psychischer Einflussgrößen ab, die in den bisherigen Vermutungen der Ursachen des Stotterns eine so große Rolle spielen:

»Ich möchte mich auf keinen Fall in die Diskussion über das Thema der Stotterertherapie einlassen. Ob Erziehungsberatung, Psychotherapie,

Sprachheilschule, ob Atemübungen oder Ähnliches – das steht für mich hier nicht zur Diskussion. Nachdenkenswert ist es für mich jedenfalls, wenn in einer Familie mit vier Kindern nur *ein* Kind mit einer Redeflussstörung behaftet ist. Bei identischem Elternhaus, bei gleicher Wohnumgebung haben die drei anderen Geschwister keine sprachlichen Probleme. Was also ist es, das nur bei diesem einen Kind die ruhige, gleichmäßig fließende Sprache aus der Bahn wirft? Sprachtherapeuten wissen, dass man zumindest in klonisches und tonisches Stottern unterscheiden kann. Beim einen kommt es zu ganz harten Blockaden, zum ›Hängenbleiben‹ an Lauten wie zum Beispiel *T* oder *K*. Beim anderen kommt es zum Wiederholen ein und desselben Wortes oder einer Wortpassage, und zwar fast immer unter Einbeziehung von Vokalen, Klängen, Rhythmen, Silben.

Betrachten wir diese beiden Arten des Stotterns im Gehirn, dann ist die Problematik beim klonischen Stottern ganz offenbar in der linken Hirnhälfte zu finden, während sie beim tonischen Stottern in der rechten Hirnhälfte zu suchen sein dürfte. Dies lässt sich durch meine Messergebnisse und letztlich auch durch die Ordnungsschwellenmessung jetzt beweisen. Misst man bei einem Kind oder einem Jugendlichen mit der Redeflussstörung Stottern die Ordnungsschwelle, so erhält man fast immer einen sehr hohen Wert, zum Beispiel 197 Millisekunden. Betrachten wir das genauer bei einem tonisch stotternden Kind, dann werden wir feststellen, dass die meisten ankommenden Messklicks bei der Ordnungsschwellenmessung auf der *linken* Seite viel zu spät beziehungsweise überhaupt nicht wahrgenommen werden. Das System über das linke Ohr in die rechte Hirnhälfte reagiert also zu langsam.

Nun arbeiten beim Sprechen aber immer beide Hirnhälften zusammen. Das Sprachzentrum links produziert die Artikulation, und das Klangzentrum rechts sorgt für den Klang, die Melodie. Wenn zwischen diesen beiden Bereichen eine zeitliche Diskrepanz besteht, kommt es nach meinen Feststellungen zu Auffälligkeiten im Sprachredefluss. Diese Auffälligkeiten sind entweder schwerpunktmäßig linkshirnig durch das Wiederholen von Konsonanten und das harte Hängenbleiben gekennzeichnet (klonisch), oder sie werden rechtshirnig durch das Anschleifen, das mehrfache Ansetzen eines Vokals, einer Silbe, eines Wortes verursacht (tonisch).

Wenn ich einem solchen Redeflussgestörten den Kopfhörer eines Lee-Gerätes aufsetze und das von ihm in das Mikrofon des Lee-Gerätes Ge-

Stottern

sprochene bis zum Eintreffen an seinem Ohr verzögere, bremse ich sein Sprechen ab, verlangsame sein Sprechen und bringe es mit seiner akustischen Eigenkontrolle in Übereinstimmung, indem ich – in *einem* bestimmten Fall – eine Verzögerungszeit von 197 Millisekunden einstelle. Ergebnis: symptomfreies, langsames, aber unnatürliches Sprechen. Überprüfe ich bei diesem Stotterer die Ordnungsschwelle, so finde ich genau die 197 Millisekunden bestätigt. Das bedeutet, dass die Ordnungsschwelle die eigentliche Verlangsamung seiner inneren hirnorganischen Prozesse einschließlich der ›Endkontrolle‹ nachweist. Das, was er sagen möchte, ist also ohne hinreichende Kontrolle und Steuerung bereits an seinem Mund und will zum Mund hinaus. Die gemessenen Werte der Ordnungsschwelle stimmen also recht genau mit den gemessenen Werten des Lee-Effekts überein. Hier ein typisches Beispiel:

Denise, ein Mädchen, litt an einer schweren Redeflussstörung. Am 16. Dezember 1993 hatte dieses Mädchen eine Ordnungsschwelle von 197 Millisekunden. Sie gehört zu denen, die versuchsweise von mir *nur* über die Ordnungsschwelle trainiert wurden. Am 10. März 1994 hatte dieses Mädchen eine Ordnungsschwelle von nur noch 38 Millisekunden. In diesen knapp drei Monaten signalisierten die Mutter und auch die Klassenlehrerin, die das Kind oft zu mir begleitet, dass das Kind immer flüssiger spreche. Bei mir in der Praxis sprach das Mädchen nun symptomfrei. Ich kannte sie schon über lange Zeit mit schwerem Stottern. Im Juli 1994 setzten wir Denise wieder unter das Lee-Gerät. Das nun symptomfrei sprechende Mädchen begann genau bei der Einstellung der Verzögerung von 197 Millisekunden wieder ganz schlimm zu stottern. Nachdem ich bei Denise das Lee-Gerät sofort wieder abgeschaltet hatte, sprach sie symptomfrei wie zuvor.

Damit haben sich zwei Geräte miteinander die Hand gereicht. Die Wirkung eines Lee-Gerätes besteht darin, Sprache zu verzögern und verzögert an das Ohr des Sprechenden zurückzuliefern. Im Grunde genommen geschieht dabei nichts Anderes, als dass die hirnorganischen Steuerungsprozesse, also auch deren Ablaufgeschwindigkeit, so verlangsamt werden, dass bei einem Stotterer unter dem Kopfhörer eine symptomfreie, aber unnatürliche Sprache entsteht.

Die Ordnungsschwelle arbeitet dagegen umgekehrt: Eine so verlangsamte Ordnungsschwelle kann durch das Training mit dem Ordnungsschwellentrainer so beschleunigt werden, dass eine symptomfreie Sprache erreicht wird. Zum Beweis diente wieder meine EEG-Ableitung. Bei

Denise und vielen anderen stotternden Kindern und Jugendlichen leitete ich nach dem Erfolg wieder das EEG ab und stellte mit großer Befriedigung fest, dass alle diese EEGs in bestimmten Frequenzbereichen der Hirnströme deutlich erkennbare Auffälligkeiten ausweisen, nämlich zu geringe Amplituden. Genau diese Bereiche werden ganz offenbar durch das Ordnungsschwellentraining angeregt, aktiviert und intensiviert, und dies bleibt auch erhalten.

Mir ist als erfahrenem Therapeuten natürlich bekannt, dass es auslösende Momente für das Stottern gibt, situationsbedingtes Stottern bei ganz bestimmten Gesprächspartnern, gegenüber dem Vater, in der Schule, gegenüber dem Hausmeister und so weiter. Wenn die Systeme dieses Kindes, die vorher nicht voll belastbar waren, unter hohe Belastung gesetzt werden, also unter Leistungsdruck, Angstdruck oder Zeitdruck, geht das nicht gut. Das ist auch die Begründung, weshalb in einer Familie nur *ein* Kind eine Sprachredeflussstörung aufweist – es hat eine Vorbelastung, nicht im Sinn einer Schädigung, sondern im Sinn eines Funktionsdefizits. Ich kann zu diesem Thema und zu diesem Problemkreis nur das berichten, was mir beim Einsatz der Ordnungsschwelle bei Stotterern auffiel, zumal ich eine Reihe von Messmöglichkeiten besitze, die dies alles belegen. Es wäre sicher sehr reizvoll, wenn von anderen Therapeuten ähnliche Beobachtungen unter Einsatz des Ordnungsschwellentrainings angestellt würden.

Die mir jahrzehntelang bekannte Diskussion über die Ursache des Stotterns, ob also hirnorganisch oder psychisch bedingt, erfährt mithilfe des seit Ende 1993 möglichen Messens der Ordnungsschwelle völlig neue, nämlich funktionelle Gesichtspunkte, messbare Fakten. Es ist erstaunlich, dass seit 1950, dem Jahre der Einführung des Lee-Gerätes zur Sprachverzögerung, solange der Kopfhörer getragen wird, niemand auf die Idee gekommen ist, die Wirkung des Lee-Effekts im Gehirn mit elektronischen Mitteln *umzukehren*. Also nicht verzögern, sondern beschleunigen und so zusammenführen – das gelang erst mit der Idee des Trainings der Ordnungsschwelle.«

Autismus

Seitdem vor fünfzig Jahren zwei österreichische Wissenschaftler
unabhängig voneinander zwei verschiedene Ausprägungen des
»frühkindlichen Autismus« beschrieben haben, sind international
Tausende von Veröffentlichungen zur optimalen Diagnose, zu den
vermutlichen Ursachen und zu möglichen Therapien erschienen.
Aber auf keinem dieser drei Teilgebiete kann bis heute nach meinen Feststellungen von einem wirklichen Fortschritt gesprochen
werden. So darf es nicht verwundern, wenn sowohl die Angehöri-
gen als auch die Betreuer von Autisten mit zunehmender Skepsis
jeder Ankündigung neuer vermeintlicher Ursachen und vor allem
neuer Therapieverfahren begegnen, um nicht eine weitere Enttäu-
schung zu erleben. Aus diesem Grund habe ich meine eigenen
Überlegungen zu einem möglichen Zusammenhang zwischen
Autismus und der zentralen Hörverarbeitung, also auch der Ordnungsschwelle, kritisch geprüft und mit Eltern sowie anderen Be-
treuern von Autisten diskutiert. Deshalb bitte ich vor allem auch
jeden Leser, der im weitesten Sinn mit Autisten zu tun hat, die
Wahrscheinlichkeit meiner folgenden Überlegungen anhand seiner Erfahrungen mit autistischen Kindern kritisch zu überprüfen.

In der von mir bisher eingesehenen Literatur über Autismus
finden sich keine *schlüssigen* Hinweise auf organische Ursachen.
Dagegen kann, wie Zwillingsuntersuchungen belegen, eine geneti-
sche Prädisposition, also eine Veranlagung, nicht ausgeschlossen
werden. Dafür spricht auch die Tatsache, dass etwa 80 Prozent der
Autisten männlichen Geschlechts sind. Ein wichtiger Schwer-
punkt der Symptomatik liegt in der zumeist stark beeinträchtigten
lautsprachlichen Kommunikation des Autisten. Dabei ist aber erst
in jüngerer Zeit erkennbar geworden, dass der passive Wortschatz
von Autisten sehr breit angelegt sein kann und dass viele Autisten
der Schriftsprache mächtig sind. Das wurde weitestgehend durch
die so genannte gestützte Kommunikation nachgewiesen, mittels
derer sich Autisten über Computer klar äußern und sogar an-
spruchsvolle Bücher schreiben konnten. Unter Berücksichtigung

dieser Fakten entstand das nachstehend erläuterte Modell, bei dem zunächst das umfänglichere Verständnis der Funktion des Hörens eine wichtige Rolle spielt:

Danach ist für das Verstehen der von anderen gesprochenen Sprache die stetige Kontrolle der zeitlichen Abbildung des Sprachflusses in unserer zentralen Hörverarbeitung von größter Bedeutung. Aber auch zur Rückmeldung über das eigene Sprechen muss diese zeitliche Abtastrate mit der Sprachproduktion ständig synchronisiert sein, um mit ihr Schritt zu halten (Endkontrolle). Wenn wir einmal annehmen, dass die zentrale Hörverarbeitung eines Kindes beispielsweise zu Beginn seiner aktiven, sinnvollen Sprachproduktion das von anderen Gesprochene nicht versteht und auch nicht Herr seiner eigenen Sprachproduktion wird, so könnte dies vom Kind als massive innere Bedrohung erlebt werden.

Es ist sicher kein Zufall, wie wir von Birger Sellin, einem Autisten, Autor von »Ich will kein Inmich mehr sein« (1995), wissen, dass er sich bis zum zweiten Lebensjahr völlig normal – einschließlich des Lautsprachaufbaus – entwickelte, um dann erst nach zwei *mehrwöchigen Mittelohrentzündungen* die autistischen Symptome zu zeigen. War infolge des unterbrochenen Reifungsprozesses seiner zentralen Hörverarbeitung das oben beschriebene Phänomen eingetreten, dass er andere und sich selbst nicht mehr verstehen konnte? Die innere Auswirkung eines solchen Erlebens könnte bei ihm und anderen Autisten darin bestanden haben, fortan auch eigene sinnvolle gesprochene Äußerungen zu unterlassen, um diese Bedrohung dauerhaft zu vermeiden.

Um diese Annahme modellhaft zu überprüfen, habe ich mit einer Gruppe von Menschen, mit denen mich eine mehrjährige Vertrauensbeziehung verbindet, einen zunächst ungewöhnlich scheinenden Versuch gemacht. Ich habe diese überwiegend jungen Erwachsenen gebeten, sich nacheinander bestimmte Situationen zu vergegenwärtigen, in die ich sie gedanklich und gefühlsmäßig hineinführen würde. Im Anschluss an jede einzelne Situation sollten sie dann aufschreiben, welche Empfindungen sie erlebt hatten. Hier sind die einzelnen Phasen, in die sich meine Freunde hinein-

Autismus 91

versetzen ließen, und darunter jeweils die zugehörigen Antworten. Erwähnen sollte ich noch, dass keinem der Teilnehmer vor oder während des Versuchs der von mir vermutete Zusammenhang mit Autismus bekannt war. Hinterher waren alle völlig überrascht zu erfahren, welchen Hintergrund meine Bitte gehabt hatte:

1. Stell dir einmal vor, du seist gerade etwa zwei Jahre alt. Dein bisheriges Leben ist völlig normal und fröhlich verlaufen. Du bist gesund und kräftig. Dein aktiver Wortschatz besteht altersgerecht aus rund 100 Wörtern. Dein passiver Wortschatz ist weitaus größer; du verstehst die Erwachsenen recht gut – manchmal sogar besser, also sie ahnen. Wie ist dir zumute?
»Will noch mehr können – will greifend die Welt erfassen – bin glücklich – fühle mich angenommen – bin zufrieden – bin aktiv – bin neugierig.«

2. Da hast du plötzlich, ohne jede Vorwarnung, mitten in der Nacht ganz starke Schmerzen zunächst im linken Ohr und dann in beiden Ohren. Du rufst nach deiner Mutter und merkst, dass deine Stimme nur ganz leise und schwach klingt. Mutti wird dich sicher gar nicht hören können. Du schreist und weinst weiter. Kommt denn keiner? Wie ist dir zumute?
»Bin verzweifelt – bin ängstlich – fühle mich abgetrennt – fühle mich ohnmächtig – fühle mich bedroht – fühle mich allein – bin traurig – bin wütend.«

3. Endlich kommt Mutti. Aber auch ihre Stimme klingt nur ganz dumpf und schwach, sodass du sie überhaupt nicht mehr verstehen kannst. Mutti wirkt sehr aufgeregt und ganz durcheinander. Sie holt den Vati dazu. Aber auch ihn kannst du nicht verstehen, obwohl beide ganz laut miteinander zu sprechen scheinen. Es muss wohl etwas sehr Schlimmes mit dir los sein. Wie ist dir jetzt zumute?
»Bin sehr ängstlich – bin aufgeregt – mir ist übel – ich bin weg, weit weg – will auf den Arm genommen werden – bin verwirrt – bin unsicher – bin verzweifelt.«

4. Jetzt lassen Sie dich allein. Die Schmerzen werden stärker. Du wimmerst nur noch vor dich hin. Aber auch dein eigenes Wim-

mern kannst du kaum noch hören. Nach langer, langer Zeit kommen Mutti und Vati und ein Mann mit einer großen Tasche. Der setzt sich an dein Bett. Ohne ein Wort zu sagen, nimmt er eine blanke Röhre aus seiner Tasche und steckt sie in dein eines Ohr und dann in das andere. Das tut noch mehr weh. Er macht ein ganz ernstes Gesicht und sagt etwas zu Mutti und Vati, was du wieder nicht verstehst. Beide nicken, Mutti hat Tränen in den Augen. Musst du sterben? Wie ist dir zumute?

»Habe panische Angst – fühle mich verlassen, vergewaltigt – fühle mich allein – fühle mich betäubt, apathisch – habe keinen Boden unter den Füßen – ich schwebe – fühle mich trostlos und ängstlich.«

5. Du weißt nicht, wie lange du im Bett liegen musstest und Medizin bekommen hast. Aber die ganze Zeit hast du nicht mehr verstehen können, was alle anderen gesprochen haben. Und auch deine eigenen Versuche, Ihnen zu sagen, wie schlecht es dir geht, konntest du selbst nicht verstehen. Du lebst von ihnen getrennt! Vielleicht für immer? Wie ist dir zumute?

»Bin völlig allein – fühle mich unverstanden – bin ausgegrenzt – bin verlassen – lebe in einer geschlossenen Kugel – kann nicht hinaus – bin stumm schreiend – bin ohne jede Hoffnung – bin total isoliert.«

Vor allem während der beiden letzten Schritte sind die zunehmenden Anklänge an die innere Situation eines Autisten, wie sie Birger Sellin so eindringlich schildert, unverkennbar. Es ist schon erstaunlich, welchen Einfluss es allein in der bloßen Vorstellung auf einen Menschen hat, wenn er Sprache und ihre Bedeutung für die menschliche Kommunikation erst kennen gelernt hat und dann tatsächlich oder vermeintlich wieder verliert. Ich denke, dass diese mögliche Ursache des Autismus in der bisherigen Forschung zu wenig berücksichtigt worden ist. Ziehen wir als weiteres Beispiel ein Zitat von Donna Williams (1994a, 1994b) heran: »Wenn ich sprach, hörte ich Geräusche, war aber zum großen Teil taub für die Bedeutung dessen, was ich sagte. Ich musste darauf vertrauen, dass es überhaupt verständlich war.« Und: »Ich konnte nur fünf bis zehn Prozent von dem, was andere zu mir sagten, verstehen, es sei denn, ich *wiederholte mir die Wörter.*« Für meine Hypothese sind diese und weitere Aussagen dieser Art von Donna Williams ein weiterer, wichtiger Hinweis für die wahrscheinlich völlig andere Art der zentralen Hörverarbeitung dieser Autistin – und möglicherweise vieler anderer Autisten – im Vergleich zu Nicht-Autisten.

Aufgrund der im vorangegangenen Abschnitt dargestellten Messungen und Aussagen zum Umgang von Autisten mit Sprache ist meine Annahme entstanden, dass eine mögliche Ursache der autistischen Störung in einer erheblich verlängerten Ordnungsschwelle von Autisten zumindest im auditiven Bereich zu suchen ist. Soweit es mir möglich war, selbst oder mit Hilfe von Autistenbetreuern die Ordnungsschwelle einzelner Autisten zu messen, haben sich Werte von bis zu 600 Millisekunden ergeben. Darunter war auch Birger Sellin, dessen auditive Ordnungsschwelle bei 400 Millisekunden lag. Die Auswirkungen einer derart verlangsamten Ordnungsschwelle sind für einen Menschen mit normaler Ordnungsschwelle und somit einwandfreier zentraler Hörverarbeitung gar nicht oder nur sehr mühsam nachvollziehbar. Ich vermute, dass Autisten, soweit sie die von anderen gesprochene Sprache überhaupt verstehen, eine ganz andere, auf ihre verlangsamte Ordnungsschwelle angepasste Spracherkennung entwickelt haben: Sie dekodieren wahrscheinlich nicht auf der Laut-, Phonem-Ebene, sondern auf der Wortebene, vielleicht sogar auf der Satzebene. Auch für diese Annahme liefert Donna Williams (1994a) einen klaren Hinweis:

»Alles, was ich aufnahm, musste entschlüsselt werden, so als müsste es eine Art komplizierter Prozedur an einem Kontrollpunkt durchmachen. Manchmal mussten die Leute mir einen bestimmten Satz mehrere Male wiederholen, denn ich hörte ihn nur bruchstückweise, und die Art, wie mein Verstand ihn in Wörter unterteilt hatte, ließ eine seltsame und manchmal unverständliche Botschaft für mich übrig. Es war ein bisschen so, als wenn jemand mit dem Lautstärkeregler am Fernseher herumspielt. Ähnlich erfolgte meine Reaktion auf das, was die Leute zu mir sagten, oft verspätet, weil mein Verstand Zeit brauchte, um zu ordnen, was sie gesagt hatten. Je stärker ich unter Stress stand, desto schlimmer wurde es.«

Ich würde mir wünschen, dass es engagierte Eltern oder Autistenbetreuer gäbe, die Zeit und die Möglichkeiten hätten, gezielt mit einem oder mehreren Autisten einen Versuch zu unternehmen, ob und in welchem Ausmaß der Autismus durch ein Training der Ordnungsschwelle über einen längeren Zeitraum gemindert oder gar beseitigt werden könnte. Die wichtigste Voraussetzung für die Einbeziehung eines Autisten in einen solchen Versuch wäre zweifellos dessen Bereitschaft zur Teilnahme. Sie lässt sich wohl am ehesten bei solchen Autisten feststellen, die bereits der gestützten Kommunikation mächtig sind. (Dabei gibt der Autist seine Antworten auf geschriebene oder auch gesprochene Fragen durch Betätigen der Tastatur eines Computers.) Ich stelle mir etwa folgenden Ablauf vor:

Ist die erwähnte gestützte Kommunikation eingerichtet, sollte die Bezugsperson als Erstes die Frage an den Autisten richten, ob und in welchem Umfang er die lautsprachlichen Äußerungen seiner Umwelt versteht. Dabei besteht Anlass zu der Vermutung, dass der Autist seine Fähigkeiten auf diesem Gebiet eher überschätzt, weil er wahrscheinlich neben seiner – vermutlich beeinträchtigten – lautsprachlichen Wahrnehmung sehr stark die begleitenden, visuell wahrnehmbaren Informationen wie Mimik, Gestik, Körperhaltung und Blickrichtung des Sprechenden sowie Mundablesen einbeziehen wird, ohne sich dessen notwendigerweise überhaupt bewusst zu sein; denn ihm fehlt ja jedes Vergleichsnormal, wie unbehinderte Gleichaltrige die Lautsprache in Verstandenes umsetzen. Unter Umständen könnte an dieser Stelle die Frage hilfreich sein, ob und wie der Autist träumt, das heißt, ob er nur in Bildern und Gefühlen oder auch in Sprache und Geräuschen träumt.

Hat die Bezugsperson zumindest andeutungsweise eine Vorstellung, wie es um die zentrale Hörverarbeitung dieses Autisten bestellt ist, sollte sie als Nächstes klären, wie groß überhaupt das Interesse des Autisten ist, die Lautsprache zunächst voll zu verstehen und später vielleicht auch sprechen zu können. Wenn die häufig geäußerte Vermutung zutrifft, wonach für Autisten möglicherweise Sprache und vielleicht sogar jeglicher Schall angstbesetzt sind, wird es großen Einfühlungsvermögens bedürfen, um im wohlverstandenen Interesse des Autisten seine Motivation zur Lautsprache zu wecken und aufrechtzuerhalten. Aber erst, wenn diese Voraussetzung erfüllt ist, kann zum nächsten Schritt übergegangen werden:

Nun wäre dem Autisten mittels gestützter Kommunikation zunächst zu erklären, dass die vermutliche Ursache seiner Schwierigkeiten in der zentralen Verarbeitung des Gehörten liegen dürfte. Da der Autist vermutlich keine oder keine für uns zugänglichen inneren Bilder zum Begriff der zentralen Hörverarbeitung besitzt, wird diese Ablaufphase sicher besonders schwierig sein. Möglicherweise lässt sich mit Metaphern zum Computer, der ihm ja in gewisser Weise vertraut geworden ist, etwas bewirken. Beispielsweise könnte er vielleicht verstehen, dass ein Computer, bei dessen Tastenbetätigung auf dem Bildschirm entgegen den Erwartungen keine Buchstaben entstehen, in seiner zentralen Verarbeitung nicht in der Lage ist, die von den Tasten kommenden Informationen in etwas Sinnvolles umzusetzen. Ist dieses Verständnis geweckt, so kann zur auditiven und eventuell auch zur visuellen Ordnungsschwellenmessung, später auch zu den anderen Low-Level-Funktionen, übergegangen werden. Dazu ist dem Autisten der Testablauf vorher über die gestützte Kommunikation ausführlich und verständlich zu erläutern.

Die Wahrscheinlichkeit, dass Autisten im ersten Anlauf den erforderlichen Handlungsablauf der Ordnungsschwellenmessung verstehen und umsetzen können, ist nach meinen bisherigen orientierenden Versuchen nicht sehr hoch. Kommt es aber zu einem Ergebnis in der Größenordnung von mehreren hundert Millisekunden, so kann dies für den Autisten ein echter Lichtblick sein: Endlich gibt es einen in wissenschaftlich anerkannten Begriffen darstellbaren Unterschied zwischen Unbehinderten und Autisten! Wenn sich die Erwartung bestätigt, dass der Autist durch dieses Ergebnis neue Hoffnung schöpft, sollte die Betreuerin behutsam zu der Frage an den Autisten überleiten, ob er interessiert sei, durch ein spielerisches Training seinen Ordnungsschwellenwert zu verbessern, und zwar als Basis für das Erlernen der Lautsprache.

Eine weitere Möglichkeit des Trainings der Ordnungsschwelle mit Autisten, die auch erfolgreich sein könnte, wäre die künstliche Dehnung gesprochener Sprache für den Autisten. In dem Buch »Olaf – Kind ohne Sprache« (Kegel 1991) wird beschrieben, dass Olaf vor Beginn seines Sprachtrainings eine deutlich verlängerte Ordnungsschwelle hatte, dass seine anfänglichen lautsprachlichen Übungen extrem gedehnt waren und dass Olafs Ordnungsschwelle nach dem Erwerb einer nahezu normalen Lautsprache auch nahezu im »normalen« Bereich lag. An diese Erfahrung anknüpfend, ist ein elektronisches Gerät vorstellbar, mit dem hineingesprochene Einzelwörter oder kurze Sätze auf bis zum Dreifachen gedehnt wiedergegeben werden. Zu einer solchen Dehnung sind unsere Sprechwerkzeuge vor allem bei den kritischen Plosivlauten $b - d - g - k - p - t$ gar nicht in der Lage. Diese Plosivlaute sind aber gerade bei einer verlangsamten auditiven Ordnungsschwelle besonders schwierig zu dekodieren. Wenn es sich ergeben sollte, dass Autisten mithilfe des Prototyps dieser Neuentwicklung gesprochene Sprache besser zu verstehen beginnen, könnte sicher ein solches Gerät in Serie gefertigt werden.

Zum Abschluss auch dieses Abschnitts ein Kontakt zu dem Therapeuten, der in Verbindung mit der Ordnungsschwelle zumindest schon ansatzweise Erfahrungen bei den von ihm betreuten Autisten sammeln konnte. Er selbst schränkt ein, dass es ihm bei der Spezialisierung dieser Ausführungen auf die Ordnungsschwelle nicht möglich sei, umfangreiche Ausführungen über den Autismus selbst zu machen. Diese Störung sei auch nach seiner Auffassung so vielfältig, wie es Menschen mit Autismus gibt:

»Jeder Autist ist Autist für sich. Bei einem Internationalen Kongress für Autismus in Hamburg 1987 legten einige der teilnehmenden Wissenschaftler ihre Forschungsergebnisse zu möglichen Ursachen des Autismus vor. So hat man festgestellt, dass viele diese Kinder während der Schwangerschaft bereits Bekanntschaft mit Medikamenten gemacht haben, die ihren Müttern verabreicht worden waren, um die Schwangerschaft überhaupt zu retten. Um entstandene Blutungen zu stoppen, wurden Injektionen angesetzt. Heute weiß man, dass in den betreffenden Injektionen etwa 800 verschiedene Wirkstoffe enthalten sind und dass dadurch beim Embryo ganz bestimmte biochemische Störungen im Gehirn ausgelöst wurden. Insbesondere sei bei Autisten der Serotoninspiegel auffällig. Serotonin ist eine Transmittersubstanz für ganz bestimmte Hirnleistungen; solche und andere Hinweise gibt es in der Forschung.

Als Sprachheilpädagoge sind mir in meinem Berufsleben viele Autisten bekannt geworden. Als Leiter einer Rehabilitationseinrichtung für Kinder lernte ich Autisten rund um die Uhr kennen. In einer kleinen Einrichtung in meiner Nähe waren Autisten untergebracht. Überall spielte dort auf meine Initiative hin das Angebot von Tonfrequenzen eine wichtige Rolle, und zwar in Form von entsprechend veränderter Musik. Offenbar reagieren Autisten bei Musikangeboten von Instrumenten, die sehr obertonreich sind, besonders positiv. Mit dem Oboenkonzert von Wolfgang Amadeus Mozart – die Oboe ist das obertonreichste Instrument – kann man Autisten unter dem Kopfhörer in kürzester Zeit ›ansprechen‹, was mit menschlicher Sprache allein nur bedingt möglich ist. In einem Fall setzte ich nach einiger Zeit nur des Musikangebotes über ein Mikrofon meine Sprache zusätzlich zum Oboenkonzert ein. Ich schlich mich also auf der Schiene ›Musik‹ in den Gehörkanal des autistischen Kindes mit ein. Das Kind empfing so die Musik und meine Worte zugleich. In diesem Augenblick war die Verständigung hergestellt, Aufträge wurden ausgeführt, die vorher unmöglich waren. Das gelang fast nur mit hochtonaktivierter Musik. Wenn es also gelungen ist, eine Tür beim Autisten zu öffnen für die akustische Wahrnehmung – wie zum Beispiel mit dem Oboenkonzert –, werden ganz bestimmte Bereiche in dessen Gehirn angeregt. Das Hinhören, Zuhören, Anhören und das akustische Dabeibleiben werden vorbereitet und die entsprechenden Prozesse werden aktiviert. Wer Autisten kennt, weiß, wovon ich rede. Wenn man nach dem akustischen ›Erwecken‹ bei einem solchen Autisten mit großer Behutsamkeit – beispielsweise mit den Tönen eines Audiometers – Einzeltöne, hohe Tonfrequenzen, anbietet, bleibt man im ›Hochtonbereich‹. Damit das so handliche Trainingsgerät nicht als Wurfgeschoss missbraucht wird, wurden diese Vorübungen angestellt: Das linke Ohr erhält einen hohen Ton, das rechte Ohr erhält einen hohen Ton. Fasziniert beobachtete ich, wie die Augen des Autisten reagierten. Ganz langsam wurde er daran gewöhnt. Das erste messbare Ergebnis mit der Ordnungsschwelle lag bei etwa 400 Millisekunden. Interessant war, dass die hohen Töne den Autisten neugierig machten, hinzuhören. Was bedeuten hohe Töne für Autisten? Noch weiß ich es nicht.

Für uns waren die Sekundärbeobachtungen von größter Bedeutung. Unter der Arbeit mit dem Ordnungsschwellentrainer werden Autisten sehr ruhig, sehr konzentriert, ausdauernd. Man hört kaum irgendwelche Laute oder andere Äußerungen, keine Schreie mehr, die von Autisten häufig abgegeben werden. Sie sind ›ganz Ohr‹. Wieder waren es die Sekundärergebnisse, die zuerst eintraten. Es ist vor allen Dingen nach meinen Erfahrungen Vorsicht geboten, wenn das Ordnungsschwellentraining nicht eingebettet ist in die erwähnte voreilende Klangtherapie. Es wurden Schlafkopfkissen konstruiert, aus denen auch in der Einschlafzeit, die zuvor ganz unruhig war, Musik empfangen wird, die ich hierfür ausgewählt hatte. Heute weiß ich, dass gerade bei autistischen Kindern das Ordnungsschwellentraining – zur richtigen Zeit eingesetzt – zu großen Leistungssteigerungen führen kann. Das erwähnte autistische Kind, das zunächst nicht hatte eingeschult werden können, sondern in seiner Umgebung gefördert und beschäftigt werden musste, kam dann – zwar etwas später – in eine Regelschulklasse, und zwar in eine Integrationsklasse.

Dies ist jedoch alles noch in der Entwicklung, in der Erforschung. Da reicht es natürlich nicht aus, wenn ich allein über derartige Beobachtungen berichte. Überall auf der Welt gibt es Autisten. Meine Beobachtungen können nur Anregungen und Hinweis darauf sein, dass gerade Autisten auf das Angebot sehr hoher Tonfrequenzen positiv reagieren. Und mit solchen hohen Tönen arbeitet das Ordnungsschwellentraining. Wenn es gelingt, Autisten nach dem Öffnen überhaupt auf Akustik achten zu lassen und zum Ordnungsschwellentraining zu bewegen, hat es Wirkungen. Die Frage ist nur, wie man Autisten überhaupt akustisch öffnet. Dazu habe ich die vorstehenden Gedanken geäußert. Ich ermutige alle, die mit diesen Menschen zu tun haben, sich damit vertraut zu machen.«

■ Wie können Sie Ihre Ordnungsschwelle feststellen?

■ Wir messen die visuelle und die auditive Ordnungsschwelle

Sicher wäre es einfacher für mich gewesen, nun schlicht auf die in den folgenden Abschnitten zu beschreibenden neuartigen Vorrichtungen zum Messen und Trainieren der Ordnungsschwelle und anderer Low-Level-Funktionen zu verweisen. Aber ich wollte dem Käufer dieses Buches zum Erreichen eines sicher recht wichtigen Ziels, nämlich zunächst der Feststellung seiner persönlichen Ordnungsschwellenwerte, nicht auch noch weitere Anschaffungen für diese Messung abverlangen. Deshalb habe ich überlegt, wie der Leser zunächst seine visuelle und seine auditive Ordnungsschwelle – und später auch die meisten anderen Low-Level-Funktionen – mit hinreichender Genauigkeit gewissermaßen als »Schnupperversuch« messen kann:

Diesem Buch ist eine CD beigefügt, auf der Sie das Verzeichnis »Der Takt des Gehirns« mit acht PowerPoint-Präsentationen finden, die von TAKT-1 bis TAKT-8 durchnummeriert sind. Bitte kopieren Sie den gesamten Inhalt zunächst auf Ihre Festplatte, etwa in Ihr Verzeichnis »Eigene Dateien«. Sie sollten also diese Präsentation nicht direkt von der CD ablaufen lassen, weil die zahlreichen Tonbeispiele dann nicht schnell genug zur Verfügung stehen würden. Zum Abspielen einer bestimmten Präsentation doppelklicken Sie am besten auf eine der Dateien takt-1.bat bis takt-8.bat. So wird automatisch auch der richtige PowerPoint-Viewer mit geöffnet.

TAKT-1: Test Ihrer visuellen Ordnungsschwelle

- Bitte schauen sie unten auf das Rechteck mit dem Fixationskreuz.
- Dieses Kreuz finden Sie bei allen folgenden Testschritten wieder.
- Sie richten Ihren Blick zwecks echter Ergebnisse ständig darauf.
- Beim Test blitzen jeweils links und rechts kleine rote Flächen auf.
- Darüber wird der zeitliche Abstand zwischen den Blitzen benannt.
- Sie entscheiden, ob es links oder rechts zuerst aufgeblitzt hat.
- In der Tabelle hierunter kreuzen Sie „Links" oder „Rechts" an.
- Sie klicken erneut und rufen so das nächste Blitzpärchen ab.

Visuelle Ordnungsschwelle					
ms	Links	Rechts	ms	Links	Rechts
400			80		
360			75		
320			70		
280			65		
240			60		
200			55		
180			50		
160			46		
140			42		
120			38		
100			34		
90			30		

Abbildung 9

Zum Messen Ihrer visuellen Ordnungsschwelle doppelklicken Sie in dem von Ihnen gewählten Verzeichnis auf TAKT-1. Auf dem Bildschirm finden Sie daraufhin nach einer kurzen Begrüßung Ablaufhinweise (Abb. 9).

Die zutreffenden Antworten finden Sie in der Tabelle »Ihr Low-Level-Profil« am Ende des Buches. Wie aber sollen Sie Ihr Ergebnis deuten, wenn Sie inmitten der absteigenden Zahlenreihe einen einzigen Fehler gemacht haben, danach aber lauter richtige Entscheidungen getroffen haben? Ein Fehler bei höheren Werten, dem wenigstens drei richtige Antworten folgen, darf als Flüchtigkeitsfehler angesehen werden. Folgt dagegen einem Fehler eine eher zufällige Verteilung, so müssen Sie davon ausgehen, dass Sie Ihre gegenwärtige visuelle Ordnungsschwelle erreicht haben.

Sollten Sie durch Ihr Testergebnis beunruhigt sein, so sollten Sie erstens wissen, dass Pöppel seine Ergebnisse überwiegend mit jungen Studenten erzielte, die gut ausgeschlafen zu ihm kamen, sodass sie optimale Ergebnisse erzielten. Zweitens habe ich ja schon die Erkenntnis erwähnt, dass die Ordnungsschwelle auch bei gesunden Erwachsenen »kontextabhängig« ist, dass also vor allem vorangegangene starke Schallexposition, Stress, Müdigkeit und Lustlosigkeit zu deutlich verlangsamten Werten führen können. Vielleicht schützt sich unser Gehör so gegen Reizüberflutung, indem es einfach »langsamer taktet«, also weniger häufig Einzelbrocken aus dem Informationsfluss entnimmt. Drittens gibt es, wie wir später bei der Darstellung der übrigen Low- Level-Funktionen erfahren werden, auch einen ausgeprägten Altersverlauf, also längere Ordnungsschwellenwerte mit zunehmendem Lebensalter. Als ungefähren Anhaltspunkt für die Durchschnittswerte von Erwachsenen ab 20 bis zu 70 Lebensjahren aufwärts können Sie folgende Formel für die visuelle Ordnungsschwelle ansetzen:

➜ Visuelle Ordnungsschwelle [ms] = 1,2 × Lebensalter [Jahre]

Danach sollte ein Zwanzigjähriger also wenigstens bei 24 Millisekunden liegen, ein Siebzigjähriger dagegen würde mit 84 Millisekunden noch gerade im Durchschnitt liegen. Es gibt aber durchaus Siebzigjährige, die durch Training auf die Werte von Zwanzigjährigen gelangt sind. Und dies mit entsprechend positiven Auswirkungen auf ihre kommunikativen Fähigkeiten.

102   Wie können Sie Ihre Ordnungsschwelle feststellen?

TAKT-2: Test Ihrer auditiven Ordnungsschwelle

- Bitte setzen Sie zunächst den Kopfhörer an Ihrer Soundcard auf.
- Nebenstehend sehen Sie einen Zahlenbalken von 400 - 30 ms.
- Diesen Zahlenbalken finden Sie bei allen Testschritten wieder.
- Neben diesem Balken erscheint bei jedem Klicken eine neue Zahl.
- Sie gibt den zeitlichen Abstand zwischen den beiden Klicks an.
- Sie entscheiden, ob es links oder rechts zuerst geklickt hat.
- In der Tabelle hierunter kreuzen Sie "Links" oder "Rechts" an.
- Dann klicken Sie und rufen so die beiden nächsten Klicks ab.

Auditive Ordnungsschwelle						
ms	Links	Rechts		ms	Links	Rechts
400				80		
360				75		
320				70		
280				65		
240				60		
200				55		
180				50		
160				46		
140				42		
120				38		
100				34		
90				30		

Abbildung 10

Noch ein wichtiger Hinweis: Es ist nicht sinnvoll, genau diesen Test pro Person mehr als einmal durchzuführen – das gilt übrigens auch für die weiteren Tests auf dieser CD. Zwar ist in diesem Test die Reihenfolge der Links-Rechts- oder Rechts-Links-Folgen einmal durch einen Zufallsgenerator erzeugt worden, aber diese Reihenfolge ändert sich *nicht* von Mal zu Mal. Somit besteht ein hohes Maß an Wahrscheinlichkeit, dass Sie – vielleicht sogar implizit und somit unbewusst – die Reihenfolge der zutreffenden Antworten auswendig lernen und sich über vermeintliche Verbesserungen freuen, die aber aus den vorgenannten Gründen nicht echt sein können.

Das gilt auch für das Messen der auditiven Ordnungsschwelle. Dafür doppelklicken Sie in dem von Ihnen gewählten Verzeichnis auf TAKT-2 (Abb. 10).

Die zutreffenden Antworten finden Sie in der Tabelle »Ihr Low-Level-Profil« am Ende des Buches. Als ungefähren Anhaltspunkt für die Durchschnittswerte von Erwachsenen ab 20 bis zu 70 Lebensjahren aufwärts können Sie folgende Formel für die auditive Ordnungsschwelle ansetzen:

→ Auditive Ordnungsschwelle [ms] = 1,3 × Lebensalter [J.] + 20 [ms]

Danach sollte ein Zwanzigjähriger wenigstens bei 46 Millisekunden liegen, ein Siebzigjähriger dagegen würde mit 111 Millisekunden noch innerhalb seines Altersdurchschnitts liegen.

■ Was versteht man unter »adaptiver Messung«?

In den Frühzeiten der Ordnungsschwellenforschung – und in bestimmten Fällen, etwa bei Messungen an Kindern, noch heute – bedurfte es stets eines Versuchsleiters, der die Klicks für die Testperson auslöste, deren Antworten notierte oder in seinen Computer eingab und schließlich selbst feststellte oder vom Computer errechnen ließ, bei welchem Abstand zwischen den beiden Sinnesreizen die Testperson die Trefferquote von 80 Prozent erreicht hatte. Bei der adaptiven Messung der Ordnungsschwelle wird dieser Vorgang weitgehend automatisiert. Bei der folgenden Beschreibung beziehen wir uns auf ein im Markt weit verbreitetes Gerät:

Zum Prüfen der visuellen Ordnungsschwelle wird das handtellergroße Gerät vom Benutzer eingeschaltet und – vorsorglich – auf den *geringsten* Schwierigkeitsgrad eingestellt. Das bedeutet, dass nach dem Starten die beiden im Gerät eingebauten Leuchtdioden zunächst in demselben zeitlichen Abstand von 400 Millisekunden aufblitzen werden, mit dem auch Ihr PC-Test begann. Der Benutzer entscheidet, welcher Reiz der erste war, und betätigt auf dieser Seite eine Taste. War seine Entscheidung zutreffend, ver-

ringert sich der zeitliche Abstand beim nächsten, natürlich zufallsgesteuerten Reizpärchen auf 360 Millisekunden und so weiter
über 320 – 280 – 240 – 200 – 180 – 160 – 140 – 120 – 100 – 90 –
80 – 75 – 70 – 65 – 60 – 55 – 50 – 46 – 42 – 38 – 34 – 30 . . . Aber
der wichtige Unterschied gegenüber dem PC-gesteuerten Ablauf
ist:

Macht der Benutzer seinen ersten Fehler, so wird er um einige
Stufen wieder in Bereich geringerer Schwierigkeit zurückgeführt,
sodass er eine neue Chance bekommt. War es wirklich nur ein Zufallsfehler, so wird er beim erneuten Erreichen dieser Schwierigkeitsstufe sicher richtig entscheiden – bis er schließlich an seine
echte Grenze stößt. Das Gerät gibt dann denjenigen Wert im Display aus, der sich aus dem Verhältnis richtiger und falscher Entscheidungen bei seinen letzten sieben Antworten errechnet. Um
Batteriestrom zu sparen, schaltet das Gerät nach dreißig Sekunden
erst einmal ab.

Zum Prüfen der auditiven Ordnungsschwelle wird zunächst der
mitgelieferte Kopfhörer an das Gerät angeschlossen. Nachdem der
Benutzer über den weiteren Ablauf hinreichend informiert ist,
setzt er den Kopfhörer seitenrichtig auf. Das Gerät wird wieder
eingeschaltet und – vorsorglich – auf den *geringsten* Schwierigkeitsgrad eingestellt. Das bedeutet, dass nach dem Starten je ein
Klickgeräusch von links und von rechts in einem zeitlichen Abstand von 400 Millisekunden ertönen wird. Der Benutzer entscheidet, welcher Reiz der erste war, und betätigt auf dieser Seite
eine Taste. War seine Entscheidung richtig, verringert sich der zeitliche Abstand beim nächsten, natürlich zufallsgesteuerten Reizpärchen auf 360 Millisekunden entsprechend der Ihnen bereits
bekannten Skala. Und auch hier wieder derselbe wichtige Unterschied: Macht der Benutzer seinen ersten Fehler, so wird er um ein
einige Stufen wieder in Bereich geringerer Schwierigkeit zurückgeführt, sodass er eine neue Chance bekommt. War es wirklich nur
ein Zufallsfehler, so wird er beim erneuten Erreichen dieser
Schwierigkeitsstufe sicher richtig entscheiden – bis er schließlich
an seine *echte* Grenze stößt. Das Gerät gibt dann auch hierbei den-

Was versteht man unter »adaptiver Messung«? 105

jenigen Wert im Display aus, der sich aus dem Verhältnis richtiger und falscher Entscheidungen bei seinen letzten sieben Antworten errechnet.

Hier kann die Frage auftauchen, weshalb sowohl bei visuellen als auch bei der auditiven Ordnungsschwelle die Abfolge von den hohen Anfangswerten zunächst in großen und dann in immer kleineren Schritten vorgesehen wurde. Dies wird auch als »quasilogarithmische Approximation« bezeichnet. Wenn bei einem gesunden jungen oder einem trainierten älteren Erwachsenen eine Ordnungsschwelle im Bereich von 20 bis 40 Millisekunden festgestellt werden soll, müssen zwei Forderungen miteinander vereint sein: Erstens muss ein stark nach oben abweichender Wert mit hinreichender Genauigkeit erfasst werden. Zweitens dürfen die Häufigkeit der Blitz- oder Klickpärchen und damit die benötigte Zeit nicht so groß sein, dass der Proband seinen »point of fatigue«, seinen Ermüdungspunkt erreicht.

Wird der Reizabstand (Inter-Stimulus-Intervall; ISI) zu klein gewählt, sind zu viele Messungen notwendig, sodass die Probanden vor Erreichen der pöppelschen Werte von 20–40 Millisekunden bei gesunden Erwachsenen tatsächlich ihren Ermüdungspunkt bereits überschritten haben. So trug Rüdiger Maier von der Klinik für Kommunikationsstörungen zu Mainz Ergebnisse einer Studie über das Messen der Ordnungsschwellen an mehr als einem Dutzend Kollegen anlässlich der Wissenschaftstagung der Deutschen Gesellschaft für Phoniatrie und Pädaudiologie (DGPP) 1997 in Hannover vor: Maier berichtete, dass die Durchschnittswerte seiner akademischen Kollegen bei 70 Millisekunden lagen. Jedoch war für das Erreichen dieses Wertes bereits eine fehlerfreie Kette von mehr als 110 richtigen Antworten erforderlich.

Eigene Untersuchung haben ergeben, dass mehr als vierzig Reizpärchen oder eine Testdauer von mehr als drei Minuten vor allem bei Kindern zu unechten, weil durch Ermüdung verfälschten Ergebnissen führt. Die großen Sprünge im oberen Bereich sind zu vertreten: Wenn ein Kind beispielsweise eine Ordnungsschwelle von 60 Millisekunden aufweisen müsste, jedoch bereits im Gebiet von 280 Millisekunden ausscheidet, ist es ohne Belang, ob das Kind nun tatsächlich eine Ordnungsschwelle von 270 oder 290 Millisekunden hätte.

Von einer ähnlichen Überlegung ist offenbar auch Ulrich Hoppe von der Universität Homburg bei seiner Dissertation ausgegangen, über die auch er auf der Wissenschaftstagung der Deutschen Gesellschaft für Phoniatrie und Pädaudiologie 1997 in Hannover berichtete: Er hatte die Ordnungsschwellenwerte einer Gruppe von 15 Schülerinnen und Schülern im Alter von 7–14 Jahren erhoben. Dabei begann er ebenfalls, um auch Ausreißer einzufangen, mit dem relativ hohen Wert von 400 Millisekunden. Diesen Wert verringerte er jedoch sogleich um 50 Millisekunden, wenn die Antwort zutreffend war. Im weiteren Ablauf des Tests wurden diese Schrittweiten mehr verringert, um mit der Annäherung an den wahrscheinlich zu erwartenden Zielwert – aber eben erst dort – auf immer kleinere Schritte überzugehen. Mit diesem Messverfahren werden, wie Hoppe betont, die Untersuchungszeiten zur Bestimmung der Ordnungsschwelle hinreichend kurz gehalten, und die Inter-Stimulus-Intervalle werden mit niedrigeren Ordnungsschwellenwerten stetig genauer.

Eine weitere wichtige Maßnahme in dem Bestreben, wirklich die Ordnungsschwelle zu messen und nicht andere Effekte nachteilig wirken zu lassen, ist eine Alternative für diesen Prüfablauf, die zunehmend bei Ersterhebungen der Ordnungsschwelle in therapeutischen Praxen eingesetzt wird: Sie besteht in der Verlagerung *sämtlicher* Bedienungsfunktionen, die in der obigen Schilderung vom Benutzer selbst wahrgenommen wurden, auf den Therapeuten. Er betätigt also die Taste anstelle des Kindes, das lediglich gebeten wird, jeweils eine Hand auf der Seite zu heben, auf der es den ersten Klick gehört oder den ersten Blitz gesehen zu haben glaubt. Der Therapeut überträgt die Antworten des Kindes auf das Gerät. So werden vor allem Kinder von allen Belastungen befreit, die deren Aufmerksamkeit beeinträchtigen und zu Falschmessungen führen könnten.

■ Lässt sich die Ordnungsschwelle systematisch verbessern?

Ein kleiner, aber höchst bedeutsamer Teil der Antwort auf die Frage, ob sich die Ordnungsschwelle systematisch verbessern lässt, ist im Abschnitt »Aphasikertraining« schon gegeben worden. Nicole von Steinbüchel hatte bei Aphasikern lediglich durch verbales Bestätigen der Richtigkeit ihrer Antworten beim Messen der Ordnungsschwelle über acht Wochen mit je einer Wochenstunde bewirkt, dass deren Ordnungsschwellen – im Gegensatz zu zwei auf andere Weise trainierenden Kontrollgruppen – sich praktisch auf die Werte von Gesunden verbessert hatten und ihre Unterscheidungsfähigkeit im Umgang mit Sprache sich ebenfalls deutlich gesteigert hatte.

Nun ließe sich natürlich einwenden, dass diese Aphasiker ja mit an Sicherheit grenzender Wahrscheinlichkeit *vor* ihrem linksseitigen Gehirnschlag eine »normale« Ordnungsschwelle besessen hätten und dieses Training somit nur den ursprünglichen Zustand wieder hergestellt haben dürfte. Daraus den Schluss zu ziehen, dass die Ordnungsschwelle generell trainierbar, also systematisch zu verbessern sei, könnte demnach recht voreilig und leichtfertig sein.

Aber denken wir auch an den Abschnitt »Kinesiologie« zurück: Dort haben wir erfahren, dass die Sonderschullehrerin Hilde Siewers mit kinesiologischen Übungen bei zwei Kindern nachweislich, wenn auch indirekt, die Ordnungsschwelle ganz erheblich verbessert hat, und zwar mit erfreulichen Auswirkungen auf die gesamte Persönlichkeit und vor allem auf das Lernverhalten dieser Kinder. Aber auch hier könnte man einwenden, dass eben nicht

108 Lässt sich die Ordnungsschwelle systematisch verbessern?

die Ordnungsschwelle, sondern wahrscheinlich die Koordination der beiden Hirnhälften trainiert worden sei, sodass die Verbesserung der Ordnungsschwellen eher ein zwar nützlicher, aber zufälliger Nebeneffekt gewesen sei.

Zur Beantwortung der Frage, ob sich die Ordnungsschwelle selbst systematisch verbessern lässt, müssen zunächst Überlegungen zu einer geeigneten Methode angestellt werden, diese Methode muss angewendet und dann müssen die Ergebnisse gemessen werden. Dies alles ist geschehen – zunächst für den Bereich der besonders wichtigen auditiven Ordnungsschwelle, inzwischen auch für andere wichtige Low-Level-Funktionen. Und zwar mit einem Kunstgriff, der im Folgenden erläutert wird.

■ Der geschickte Kunstgriff: Das Sehen trainiert das Hören

Von Steinbüchel hatte den Aphasikern lediglich bei jedem neuen Klickpärchen zum Messen ihrer Ordnungsschwellen sofort die Richtigkeit ihrer Entscheidung bestätigt. Diese Rückmeldung erfolgte in Anlehnung an die Untersuchungsergebnisse, die der amerikanische Verhaltensforscher Burrhus Frederic Skinner schon Jahrzehnte zuvor angestellt hatte: Beim Lernen von neuem Verhalten ist das »Reinforcement«, die Rückbestätigung, immer dann besonders wirksam, wenn der Lernende die Richtigkeit seiner Antwort innerhalb von längstens 0,5 Sekunden gebilligt oder verworfen erhält.

Nirgends steht aber, dass diese Rückmeldung nicht noch wesentlich schneller erfolgen darf. Nach Skinner müsste der Lernerfolg sogar umso besser sein, je schneller die Rückmeldung möglich ist. Und genau da setzt das Trainingsverfahren ein:

Die auditiven und die visuellen Reize, also die hörbaren Klicks und die sichtbaren Lichtblitze, werden dem Trainierenden *synchron* angeboten.

Das bedeutet, dass zum Trainieren der Ordnungsschwelle mit

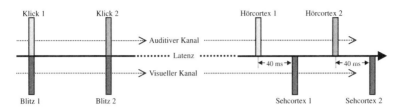

Abbildung 11

einem geeigneten Gerät der Trainierende einen Kopfhörer aufsetzt, wie er es von der Messung der auditiven Ordnungsschwelle gewohnt ist, und sich außerdem auf das Anschauen der beiden Leuchtdioden an dem Trainingsgerät konzentriert. Sobald er im Kopfhörer das erste Klickpärchen hört, sieht er genau gleichzeitig – und zwar selbstverständlich in derselben Reihenfolge – die beiden Leuchtdioden aufblitzen. Genau gleichzeitig? Elektronisch trifft diese Aussage zu, weil das erste Kopfhörersystem und die erste Leuchtdiode ihre Impulse quarzgenau ebenso synchron zugeführt bekommen wie danach das zweite Kopfhörersystem und die zweite Leuchtdiode (Abb. 11).

Aber in unserem Gehirn sieht es anders aus: Die Auswertung eines visuellen Reizes dauert bei allen Menschen etwa 40 Millisekunden länger als die Auswertung eines auditiven Reizes. Das liegt daran, dass die Umwandlung eines Photons durch die Sehzellen in ein Nervensignal einen chemischen Vorgang darstellt, der eben so lange braucht. Das Gehirn nimmt also *erst* die Klicks und *dann* die Lichtblitze wahr. Das bedeutet aber schlicht für unsere aufeinander folgenden auditiven Klicks und visuellen Blitze, dass die Blitze jeweils das gewünschte »Reinforcement«, die Verstärkung der Klicks, bewirken! Dieses Trainingsmodell wurde durch das Deutsche Patent 43 18 336 vom 1. Juni 1994 geschützt.

Hören wir zu dieser Erscheinung der unterschiedlichen »Laufzeiten« von Informationen im Hör- und im Sehbereich noch einmal Ernst Pöppel (1997):

»Der Grund für die längere optische Reaktionszeit ist darin zu sehen, dass die Umwandlung von Lichtenergie in die Sprache des Gehirns mehr

Zeit beansprucht. ... Dieser langsamere Umwandlungsprozess führt notwendigerweise dazu, dass unser Sehen immer hinterherhinkt. Das kann man wortwörtlich nehmen: Wenn von einem Objekt ein Ton und ein Licht ausgehen, wobei das Objekt allerdings nicht zu weit von uns entfernt sein darf, damit die Schallgeschwindigkeit keine Rolle spielt, dann kommen die beiden Signale zu unterschiedlichen Zeiten in unserem Gehirn an, erst der Ton und dann das Licht. Objektiv gleichzeitige Ereignisse sind subjektiv also gegeneinander verschoben wegen des unterschiedlichen Zeitverhaltens unserer Sinnesorgane.«

■ Ein Überblick über alle wichtigen Low-Level-Funktionen

Die zügige und kompetente Verarbeitung von Sprache ist nicht nur eine Frage der *zeitlichen Auflösung* durch die Taktfrequenz des Gehirns, also durch die Ordnungsschwelle. Daneben spielen nach internationalen Forschungsergebnissen weitere Hirnfunktionen zur Sprachverarbeitung und -wahrnehmung eine wichtige Rolle – Grundfertigkeiten wie das Richtungshören, die Tonhöhenunterscheidung, die auditiv-motorische Koordination, die Reaktionszeit bei Wahlmöglichkeiten sowie das Erkennen von Ton- und Zeitmustern. All diese Funktionen sind in einem Gerät vereint, das im Jahr 1999 auf meine Veranlassung entwickelt wurde und das heute in zwei verschiedenen Ausführungen für Kinder und für Erwachsene verfügbar ist. Dabei ist allen acht Einzelspielen gemeinsam, dass ihr Schwierigkeitsgrad in zwei bis vier Stufen an den jeweiligen Fortschritt des Trainierenden angepasst werden kann. Außerdem hört der Trainierende – in der für Kinder bestimmten Ausführung – nach jeder richtigen Antwort ein kindgerechtes Lob, also etwa »Gut – Prima – Toll – Super – Spitze«.

■ Die visuelle Ordnungsschwelle

Dieses Spiel ähnelt dem bereits beschriebenen Test- und Trainingsablauf der visuellen Ordnungsschwelle weitgehend, sodass sich eine Beschreibung des Test- und Trainingsablaufs erübrigt. Der oben beschriebene Trainingmodus, dessen Besonderheit in der Kopplung des visuellen mit dem auditiven Sinneskanal besteht, wurde hier noch effizienter ausgestaltet:

Wenn der Benutzer seine visuelle Ordnungsschwelle trainieren möchte, führt er den Stecker des mitgelieferten Kopfhörers in die linke der beiden vorhandenen Kopfhörerbuchsen ein und setzt ihn auch auf. Wenn er das Gerät nun startet, erscheinen die beiden ersten Blitze beispielsweise im Abstand von 400 Millisekunden. Zugleich hört der Trainierende aber in seinem Kopfhörer auf der Seite des ersten Lichtblitzes einen einzigen Klick, der ihm die Entscheidung erleichtert, von welcher Seite er den ersten Lichtblitz wahrgenommen zu haben glaubt.

Im Testmodus, in dem der Trainierende nun verifizieren möchte, ob sich seine Werte bereits zu verbessern beginnen, braucht er lediglich den Kopfhörerstecker in die rechte Buchse umzustecken. Allein dadurch wird die Unterstützung des visuellen durch den auditiven Sinneskanal außer Betrieb gesetzt, sodass nun die visuelle Ordnungsschwelle ungestützt gemessen werden kann.

■ Die auditive Ordnungsschwelle

Beim Training der auditiven Ordnungsschwelle läuft die Unterstützung durch einen anderen Sinneskanal genau umgekehrt: Der Benutzer wählt nun das Spiel »auditive Ordnungsschwelle«, steckt den Kopfhörer wieder in die linke Anschlussbuchse und achtet nach dem Start auf die beiden ersten Klicks. Nun wird seine Entscheidung über die Reihenfolge der beiden Klicks durch einen einzigen Lichtblitz auf der Seite des ersten Klicks unterstützt.

Auch bei der auditiven Ordnungsschwelle wird im Testmodus, wenn sich der Trainierende nun vergewissern möchte, ob sich seine Werte bereits zu verbessern beginnen, auch nur der Kopfhörerstecker in die rechte Buchse umgesteckt. Dadurch wird hierbei die Unterstützung des *auditiven* durch den *visuellen* Sinneskanal außer Betrieb gesetzt, sodass nun die auditive Ordnungsschwelle ungestützt gemessen werden kann.

Das Richtungshören

Für die meisten Menschen ist es selbstverständlich, dass sie auch mit geschlossenen Augen die Richtung eines herannahenden Autos wahrnehmen oder sich auf einer Party inmitten vieler sprechender Menschen auf den jeweils interessanten Sprecher konzentrieren können. Ältere Menschen klagen häufig darüber, dass es ihnen zunehmend schwerer fällt, sich in einer von Geräuschen erfüllten Umgebung auf eine einzelne Schallquelle zu konzentrieren – ein wichtiges Indiz dafür, dass ihr Richtungshörvermögen vermutlich nicht mehr voll funktionsfähig ist.

Aber vor allem in der Schulklasse ist diese Fähigkeit wichtig: Der weitgehend unvermeidliche Geräuschpegel galt bisher in sehr ruhigen deutschen Schulklassen als bei etwa 50 dB(A), in lebhaften Klassen über 60 dB(A) liegend. In dem Buch »Lärm in Bildungsstätten – Ursachen und Minderung« (Schönwälder et al. 2004) findet sich die Inventur des – betrüblichen – Ist-Zustands des Lärms in Bildungsstätten.

Die Autoren haben ihre Messungen über Hunderte von Unterrichtsstunden durchgeführt. Erschreckende Daten, die über die uns bisher bekannten Fakten hinausgehen, sind beispielsweise ein heutiger *Durchschnittsschallpegel* in deutschen Schulklassen von 64,5 dB(A). Selbst wenn wohlwollend die besonders geräuschstarken ersten und letzten fünf Minuten jeder Unterrichtsstunde herausgerechnet wurden, verbleibt ein Durchschnittschallpegel von 53,5 dB(A). Aber es wurde auch überprüft, ob bauakustische Normen eingehalten wurden, die zur Herabsetzung der Störschall verstärkenden Nachhallzeit dienen: Keine der untersuchten dreißig Schulklassen der verschiedenen Schulformen erfüllte auch nur annähernd die in der DIN 18041 vorgegebenen Nachhallzeiten.

Da braucht ein Schüler schon ein scharfes Richtungshören, um diesen Störschall auszublenden. Je besser sich ein Schüler auf die Stimme des Lehrers oder eines gerade antwortenden Mitschülers konzentrieren kann, desto leichter fällt es ihm natürlich, dem Un-

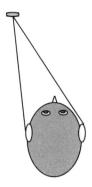

Abbildung 12

terrichtsgeschehen zu folgen, ohne sich durch diese Störgeräusche in seiner Aufmerksamkeit beeinträchtigen zu lassen.

Wenn aber ein Schüler diese Fähigkeit nur unzureichend besitzt, wird er durch diese Störgeräusche ständig so sehr abgelenkt, dass er einen Teil der sprachlichen Informationen nicht versteht und das Unverstandene aus dem Zusammenhang ergänzen muss. Diese Schüler gelten dann oft als unaufmerksam oder leicht ablenkbar. Jens Blauert (1983) hat in seinem Buch »Spatial Hearing« dieses Phänomen sehr gründlich beschrieben und als eine wesentliche Voraussetzung für das Richtungshören in der horizontalen Ebene die genaue Auswertung der Laufzeitunterschiede des Schalls zwischen den beiden Ohren bestätigt gefunden (Abb. 12).

Diese Laufzeitdifferenz beträgt bei einem typischen Ohrabstand von 21 Zentimetern bei genau seitlichem Schalleinfall rund 630 Mikrosekunden, also 0,63 Millisekunden. Und: Wenn wir im Vornebereich die Richtungsänderung einer Schallquelle von zwei Grad orten können, sind wir, das heißt unsere zentrale Hörverarbeitung, offenbar in der Lage, selbst Laufzeitdifferenzen von 20 Mikrosekunden, also 20 millionstel Sekunden, zu erkennen und zu verarbeiten.

Auf diesen Erkenntnissen baut der Richtungshörtrainer auf. Die benötigten Laufzeitunterschiede werden elektronisch über den Kopfhörer nachgebildet: Je ein Klick erreicht beide Ohren, aber nicht genau gleichzeitig, sondern mit ganz geringer Zeitdiffe-

Das Richtungshören   115

TAKT–3: Test Ihres Richtungshörvermögens

- Bitte setzen Sie zunächst den Kopfhörer an Ihrer Soundcard auf.
- Nebenstehend sehen Sie einen Zahlenbalken von 280–24 µs.
- Diesen Zahlenbalken finden Sie bei allen Testschritten wieder.
- Neben diesem Balken erscheint bei jedem Klicken eine neue Zahl.
- Sie gibt das ISI zwischen den beiden Klicks in Mikrosekunden an.
- Sie entscheiden, ob der Klick mehr von links oder rechts kam.
- In der Tabelle hierunter kreuzen Sie "Links" oder "Rechts" an.
- Dann klicken Sie und rufen so den nächsten Doppelklick ab.

Richtungshörvermögen						
µs	Links	Rechts		µs	Links	Rechts
280				65		
240				60		
200				55		
180				50		
160				46		
140				42		
120				38		
100				34		
90				30		
80				28		
75				26		
70				24		

Abbildung 13

renz, die beispielsweise mit 280 Mikrosekunden beginnt. In Abhängigkeit davon, welcher der beiden Klicks der erste war und wie
groß der Zeitabstand, das Inter-Stimulus-Intervall, zwischen dem
Eintreffen der beiden Klicks war, wird – wie beim natürlichen Hören – nur ein *einziger* Klick mehr oder weniger weit links oder
rechts von der Mittellinie wahrgenommen. Der Benutzer betätigt
dementsprechend eine Taste zur Linken oder zur Rechten. Bei
richtigen Antworten verringert sich das Inter-Stimulus-Intervall
so lange, bis der Benutzer an seine Grenze gestoßen ist. Dieser
Wert wird im Display des Geräts signalisiert.

Die zutreffenden Antworten finden Sie in der Tabelle »Ihr Low-Level-Profil« am Ende des Buches. Als ungefähren Anhaltspunkt für die Durchschnittswerte von Erwachsenen ab 20 bis zu 70 Lebensjahren aufwärts können Sie folgende Formel für Ihre wünschenswerte Richtungshörschwelle ansetzen:

➜ Richtungshörschwelle [µs] = 1,16 × Lebensalter [J.] − 3,2 [µs]

Danach sollte ein Zwanzigjähriger also bei 20 Mikrosekunden liegen, ein Siebzigjähriger dagegen würde mit 78 Mikrosekunden noch innerhalb seines Altersdurchschnitts liegen.

Was macht derjenige Benutzer, der einen altersbedingt herabgesetzten Wert quittiert erhält? Auch hier hilft zum Training die Kopplung zwischen dem auditiven und dem visuellen Sinneskanal: Durch einfaches Umstecken des Kopfhörersteckers in die linke Buchse des Geräts wird die visuelle Unterstützung mittels der Leuchtdiode eingeschaltet, die bei jedem Klick genau auf der Seite aufleuchtet, auf der das Klicksignal zu hören war. Mit zunehmender Übung verbessern Sie so Ihre Richtungswahrnehmung.

Peter Plath, Chefarzt der Universitäts-HNO-Klinik Recklinghausen, berichtete zu einem solchen bei ihm durchgeführten Training mit Kindern:

»Die Abteilung Logopädie unseres Hauses verwendete den Richtungshörtrainer mit Erfolg zur Konzentrationssteigerung vor Beginn einer geplanten logopädischen Therapie bei Verdacht auf zentrale Verarbeitungsstörungen. Bei dieser Anwendung zeigte sich, dass das Gerät geeignet ist, die Konzentration und Aufmerksamkeit der zu therapierenden Kinder zu steigern. Hier zeigte sich nach mehreren Anwendungen ein Fortschritt in Hinblick auf die Länge des Interstimulus-Intervalls.«

■ Die Tonhöhenunterscheidung

Viele Menschen, vor allem Kinder, fühlen sich oft unverstanden, obwohl sie glauben, sich klar ausgedrückt zu haben. Oder sie verstehen nicht recht, was ein anderer »wirklich meint«. Ein wichti-

Die Tonhöhenunterscheidung 117

ger Grund dafür ist oft die mangelnde Beherrschung der Prosodie. Unter diesem Begriff versteht man neben der Sprechlautstärke, dem Sprechrhythmus und der Sprechgeschwindigkeit vor allem die *Sprechmelodie* mit ihrer Wirkung auf die Satz- und Wortbetonung der Sprache eines Menschen. Wichtigste Voraussetzung für eine »effiziente« Prosodie ist natürlich die Fähigkeit, diese kleinen Tonhöhenunterschiede in der eigenen Sprache überhaupt wahrzunehmen.

Bitte lesen Sie den folgenden Satz einfach einmal mit ganz normaler Stimme vor: »Ich schenke dir vier rote Rosen«. Auf welche Weise haben Sie Ihre »Prosodie«, Ihr Talent zur Sinngebung und Sinnverlagerung durch Sprechmelodie und Betonung eingesetzt? Welche dieser Versionen war es oder könnte es gewesen sein?

– *Ich* schenke dir vier rote Rosen (ich und nicht etwa jemand anders).
– Ich *schenke* dir vier rote Rosen (weder verkaufe noch verleihe ich sie).
– Ich schenke *dir* vier rote Rosen (nur dir und niemand anderem).
– Ich schenke dir *vier* rote Rosen (nicht drei oder fünf).
– Ich schenke dir vier *rote* Rosen (keine weißen oder gelben Rosen).
– Ich schenke dir vier rote *Rosen* (keine Lilien oder Tulpen.

Wie haben Sie die unterschiedliche Betonung bewirkt? Wahrscheinlich nur durch eine geringfügige Veränderung der Tonhöhe und vielleicht auch der Lautstärke beim Sprechen. Um diese sprachlichen Ausdrucksmittel aber überhaupt einsetzen zu können, müssen Sie feine Unterschiede in Ihrer eigenen Sprechtonhöhe auch wahrnehmen können. Doch eine unzureichende Tonhöhenunterscheidung hat noch eine weitere nachteilige Auswirkung: Der Betroffene kann auch die Feinheiten in der Sprache anderer, die mit der Tonhöhe verknüpft sind, nicht voll verstehen und gilt dann oft als unsensibel. Versuche haben aber ergeben, dass zahlreiche Menschen bei zwei unmittelbar aufeinander folgenden Tönen nicht einmal Tonhöhenunterschiede von mehr als zehn Prozent (!) bestimmen können, ohne dass ihnen dies bisher überhaupt bewusst war.

Erfreulicherweise lässt sich diese Fähigkeit aber auch trainieren. Eine Untersuchung durch Jürgen Meyer von der Physikalisch-Technischen Bundesanstalt in Braunschweig weist unter anderem nach, dass 67 Prozent der getesteten Musiker, die ein Streichinstrument spielten, noch Tonintervalle von 0,4 Prozent voneinander unterscheiden konnten. Noch besser waren die getesteten Tonmeister, die dieses Intervall ausnahmslos richtig unterscheiden konnten. In der Rangfolge danach kamen Gitarren-, Klavier-, Blockflöten-, Akkordeonspieler und Chorsänger. Es spricht also einiges dafür, dass sich die Tonhöhenunterscheidung durch Training verbessern lässt.

Auf diesen Erkenntnissen baut der Tonhöhenunterscheidungstrainer auf: Für ein derartiges Training liefert der Sound-Boy jeweils zwei kurze Tonbursts unterschiedlicher Tonhöhe, die unmittelbar aufeinander folgen. Dann ist es Ihre Aufgabe, sich in aller Ruhe durch Betätigen der linken oder rechten Taste zu entscheiden, ob der tiefere Ton zuerst oder zuletzt wahrgenommen wurde. Ist diese Entscheidung richtig, so wird nach einem vorgegebenen System der Schwierigkeitsgrad erhöht, also der Abstand zwischen den beiden Tönen verkleinert. Ist die Entscheidung einmal falsch, so wird der Schwierigkeitsgrad nach demselben Algorithmus verringert, also der Abstand zwischen den beiden Tönen vergrößert. So gelangen Sie irgendwann an die Grenze Ihres Tonhöhenunterscheidungsvermögens, um von hier aus weiter zu trainieren. Auch das zugehörige Training wird ähnlich vollzogen wie beim Richtungshören: Nach dem Umstecken des Kopfhörersteckers auf die linke Buchse blitzt auf der Seite des tieferen Tones die bekannte Leuchtdiode kurz auf und signalisiert so die richtige Antwort (Abb. 14).

Die zutreffenden Antworten finden Sie in der Tabelle »Ihr Low-Level-Profil« am Ende des Buches. Als ungefähren Anhaltspunkt für die Durchschnittswerte von Erwachsenen ab 20 bis zu 70 Lebensjahren aufwärts können Sie folgende Formel für Ihre wünschenswerte Tonhöhen-Unterscheidungsschwelle ansetzen:

Die Tonhöhenunterscheidung   119

TAKT-4: Test Ihrer Tonhöhenunterscheidung

- Bitte setzen Sie zunächst den Kopfhörer an Ihrer Soundcard auf.
- Nebenstehend sehen Sie einen Zahlenbalken von 38–1 %.
- Diesen Zahlenbalken finden Sie erneut bei allen Testschritten.
- Neben diesem Balken erscheint bei jedem Klicken eine neue Zahl.
- Sie gibt das Intervall zwischen den beiden Tönen in Prozenten an.
- Sie entscheiden, ob der tiefere Ton an 1. oder 2. Stelle hörbar war.
- In der Tabelle hierunter kreuzen Sie die Spalte "1" oder "2" an.
- Dann klicken Sie einmal und rufen die beiden nächsten Töne ab.

Tonhöhenunterscheidung						
%	1	2		%	1	2
38				14		
36				12		
34				10		
32				9		
30				8		
28				7		
26				6		
24				5		
22				4		
20				3		
18				2		
16				1		

Abbildung 14

→ Tonhöhenschwelle $[\%] = 0{,}28 \times$ Lebensalter $[J.] + 1{,}4\ [\%]$

Danach sollte ein Zwanzigjähriger also wenigstens bei sieben Prozent liegen, ein Siebzigjähriger dagegen würde mit 21 Prozent noch innerhalb seines Altersdurchschnitts liegen.

◼ Die auditiv-motorische Koordination: synchrones Finger-Tapping

Einen wichtigen Beitrag zum Thema der Umsetzung der Low-Level-Funktionen aus der zentralen Hörverarbeitung und -wahrnehmung in die Motorik hat Peter H. Wolff (1984, 1993) von der Medizinischen Fakultät der Universität Harvard geliefert. In mehreren Arbeiten hat er nachgewiesen, dass die zeitliche Verarbeitung in unserem Gehirn auch im Zusammenwirken mit der Umsetzung in die Motorik eine bedeutende Rolle für unser Denken, Sprechen, Schreiben und für unser gesamtes Handeln spielt. Zu diesem Nachweis bediente sich Wolff einer geradezu genial einfachen Methode, nämlich des gesteuerten rhythmischen Fingerklopfens:

Über seinen Kopfhörer hört der Proband bei diesem Testablauf präzise in festem Rhythmus aufeinander folgende kurze Klickgeräusche. Genau im Takt dieser Klickgeräusche soll er abwechselnd mit seinem linken und rechten Zeigefinger eine Taste betätigen. Die Testvorrichtung stellt fest, wie exakt die Fingerbewegungen mit den Klicks übereinstimmen. Das Maß dieser Übereinstimmung liefert eine klare Aussage über die Genauigkeit der zeitlichen Verarbeitung zwischen den beiden Gehirnhälften im Hörbereich und in der Motorik. Die praktische Ausführung dieser Methode erwies sich zunächst als höchst kompliziert, zeitraubend und kostspielig. Deshalb hat diese Messmethode über die von Wolff an Kindern und Erwachsenen durchgeführten diagnostischen Reihenuntersuchungen hinaus bisher noch kaum eine praktische therapeutische Bedeutung erlangt.

Dabei hatte Wolff selbst die Überzeugung vertreten, dass diese Fertigkeit zugleich ein Maß für die Koordination der beiden Hirnhälften darstellen dürfte. Er konnte darauf verweisen, dass eine ganz bestimmte Patientengruppe diese Fertigkeit ebenfalls nicht mehr besessen hatte: Es handelt sich um die so genannten Split-Brain-Patienten, denen kurz nach dem Zweiten Weltkrieg zwecks Minderung ihrer Epilepsieanfälle das Corpus callosum, der Verbindungsbalken zwischen den beiden Hirnhälften, operativ

Die auditiv-motorische Koordination: synchrones Finger-Tapping   121

durchtrennt worden war. Auch diese Patienten hatten dabei die Fertigkeit des synchronen Fingertapping eingebüßt.

Auf diesen Erkenntnissen baut das Synchronspiel auf, das ebenfalls nicht nur die Feststellung, sondern auch das Training dieser Funktion ermöglicht. Mittels dieses *Synchro*-Trainings lässt sich also die Synchronität der beiden Hirnhälften beim Zusammenspiel zwischen auditiven und visuellen Reizen mit der Handmotorik sowohl testen als auch trainieren. Das Training besteht wieder darin, dass Sie nach dem Umstecken des Kopfhörersteckers in die linke Buchse einen zusätzlichen visuellen Rhythmus über die Leuchtdioden des Geräts erhalten, der Ihnen die Synchronisierung zunehmend erleichtern wird. Das für den Benutzer nützliche Ergebnis eines solchen Trainings dürfte sich schon bald in einem leichteren und energiesparenden Umgang mit auditiven und visuellen Sinneseindrücken sowie deren Umsetzung in gesprochene und geschriebene Sprache wie auch in motorische Reaktionen bemerkbar machen. Vorausgeschickt sei noch, dass jeder der beschriebenen verschiedenen Durchläufe nur achtzig Sekunden dauert, sodass dieses Training auch einmal zwischendurch ausgeführt werden kann (Abb. 15).

TAKT-5: Test Ihrer auditiv-motorischen Koordination

- Bitte setzen Sie zunächst den Kopfhörer an Ihrer Soundcard auf.
- Nebenstehend sehen Sie einen Zahlenbalken von 300–185 ms.
- Diese Zahlen erscheinen nacheinander auf dem Bildschirm
- Halten Sie Ihre Zeigefinger auf der Tischplatte zum *Tappen* bereit.
- Nach dem Mausklick hören Sie stetiges Links-Rechts-Klicken.
- Sie fallen zügig mit Ihren Fingern genau in diesen Rhythmus ein.
- Irgendwann bemerken Sie, dass Sie aus dem Takt heraus fallen.
- Die zuletzt auf dem Bildschirm erschienene Zahl ist Ihr Grenzwert.

Abbildung 15

Falls Sie einmal zwischenzeitlich kurz aus dem Takt gefallen sind, anschließend aber wieder für wenigstens zehn Sekunden in den

Rhythmus einfallen konnten, gilt das nächste Herausfallen aus dem Takt als Ihr Schwellwert, den Sie in die Tabelle »Ihr Low-Level-Profil« am Ende des Buches markieren können.

Zu diesem Test gibt es gegenwärtig noch keine Richtwerte für Erwachsene. In Anlehnung an die für Kinder ermittelten Normalwerte kann davon ausgegangen werden, dass ein gesunder Erwachsener seinen anzustrebenden Wert ungefähr nach der nachstehenden Formel abschätzen kann:

➜ Tapping-Schwellwert [ms] = 1,5 × Lebensalter [J.] + 140 [ms]

Danach sollte ein Zwanzigjähriger also bei etwa 170 Millisekunden liegen, ein Siebzigjähriger dagegen würde mit 255 Millisekunden innerhalb seines Altersdurchschnitts noch recht gut dastehen.

◾ Die Wahl-Reaktions-Zeit: Choice-Reaction-Time

Die britischen Wissenschaftler Rod Nicolson und Angela Fawcett (1993, 1994) von der Universität Sheffield haben in Versuchsreihen nachgewiesen, dass sprachliche Kompetenz auch eng mit der Fähigkeit verknüpft ist, sich zwischen zwei oder mehr Wahlmöglichkeiten rasch zu entscheiden. Das klingt logisch; denn sowohl beim Verstehen von Sprache als auch beim eigenen Sprechen müssen wir ja ständig zwischen zahlreichen Möglichkeiten wählen. Das Erstaunliche ist dabei, dass sprachliche Kompetenz nichts mit der *normalen*, einfachen Reaktionszeit zu tun hat, die in der Regel dadurch gemessen wird, dass der Proband auf *ein* Ton- oder Lichtsignal hin so rasch wie möglich auf *eine* Taste drücken soll. Erst wenn die komplexere Aufgabe gestellt wird, zwischen zwei oder mehr *verschiedenen* Reizen eine *Auswahl* zu treffen, zeigen die in sprachlicher Kompetenz Stärkeren messbar kürzere und die Schwächeren deutlich längere Reaktionszeiten.

Auf diesen Erkenntnissen baut das Training mit dem Wahl-Reaktions-Zeit-Spiel bei dem dafür entwickelten Gerät auf. Sie hören dicht nacheinander auf dem linken und dem rechten Ohr zwei ver-

Die Wahl-Reaktions-Zeit: Choice-Reaction-Time

TAKT-6: Test Ihrer Wahl-Reaktions-Zeit

- Bitte setzen Sie zunächst den Kopfhörer an Ihrer Soundcard auf.
- Sie hören gleich von links und rechts zwei verschiedene Töne.
- Sie entscheiden rasch, von wo Sie den *tieferen* Ton gehört haben.
- Ebenso rasch markieren Sie in der Tabelle "Links" oder "Rechts".
- Hören Sie dabei schon die nächsten Töne, waren Sie zu langsam.
- Dieser Ablauf wiederholt sich automatisch vierundzwanzig Mal.
- Nun vergleichen Sie Ihre Markierungen mit den Angaben im Buch.
- Diesen Test dürfen Sie auch gern noch einmal durchführen.

Wahl-Reaktionszeit						
#	Links	Rechts		#	Links	Rechts
1				13		
2				14		
3				15		
4				16		
5				17		
6				18		
7				19		
8				20		
9				21		
10				22		
11				23		
12				24		

Abbildung 16

schieden hohe Töne. So schnell wie irgend möglich drücken Sie nun die Taste auf *der* Seite, von der Sie den tieferen Ton gehört haben. Die in dieser besonderen Messmethode bei jedem einzelnen der insgesamt vierzig Versuche erreichte Reaktionszeit können Sie jeweils im Display ablesen. Der Durchschnittswert über alle vierzig Versuche wird am Ende der Übung noch einmal ausgegeben. Auch hierbei wird das zugehörige Training wieder ähnlich vollzogen wie allen vorher genannten Spielen: Nach dem Umstecken des Kopfhörersteckers auf die linke Buchse blitzt auf der Seite des tieferen Tons die Leuchtdiode kurz auf und signalisiert so die richtige Antwort.

124 Ein Überblick über alle wichtigen Low-Level-Funktionen

Wir bieten Ihnen einen Schnupperversuch Ihrer Wahl-Reaktions-Zeit an. Da ein Stoppen von Zeiten im Millisekundenbereich in dieser Software nicht möglich ist, haben wir auch hier einen kleinen Umweg gewählt, der Ihnen zumindest ansatzweise ein Gefühl für Ihren Status bei dieser Low-Level-Funktion vermitteln wird (Abb. 16).

Die zutreffenden Antworten finden Sie in der Tabelle »Ihr Low-Level-Profil« am Ende des Buches. Obwohl Sie bei diesem Test aus den beschriebenen Gründen keine echten Wahl-Reaktions-Zeiten erarbeiten konnten, sondern dafür das erwähnte Gerät zu verwenden haben, sei auch hier als ungefährer Anhaltspunkt für die Durchschnittswerte von Erwachsenen ab 20 bis zu 70 Lebensjahren aufwärts eine Formel für Ihre wünschenswerte Wahl-Reaktions-Zeit angegeben:

→ Wahl-Reaktions-Zeit [ms] = 6,1 × Lebensalter [J.] + 487 [ms]

Danach sollte ein Zwanzigjähriger also wenigstens bei 609 Millisekunden liegen, ein Siebzigjähriger dagegen würde mit 914 Millisekunden noch innerhalb seines Altersdurchschnitts liegen.

■ Der Frequenz-Muster-Test: Frequency-Pattern-Test

Die amerikanische Neurowissenschaftlerin Paula Tallal (1973, 1991, 1993, 1996) hat in wiederholten Untersuchungen festgestellt, dass die Fähigkeit des Unterscheidens der so genannten »Stop-Konsonanten«, also der Laute *b-d-g-k-p-t*, auch eine wichtige Grundlage sprachlicher Kompetenz darstellt. Mit einem aufwändigen Computerprogramm hat sie nachgewiesen, dass allein das Training einer sicheren Unterscheidung zwischen diesen Lauten eine deutliche Verbesserung sprachlicher Kompetenz schon bei Kleinkindern zur Folge hatte.

Die deutsche Psychologin Hede Helfrich hat in ihrem Buch »Time and Mind« (1996; Zeit und Geist) unter anderem eine bemerkenswerte Versuchsreihe beschrieben, die sie mit deutschen und japanischen Studenten durchgeführt hat: Jeder dieser Studenten erhielt über Kopfhörer mehrmals entweder gleichzeitig oder nahezu gleichzeitig zwei verschiedene Tonmuster zugespielt. Nahezu gleichzeitig bedeutet, dass die Startpunkte dieser beiden synthetischen Laute einen veränderbaren zeitlichen Versatz von bis zu 50 Millisekunden gegeneinander aufweisen konnten. Die Studenten sollten bei jedem dieser Lautpärchen entscheiden, ob sie diese völlig gleichzeitig wahrgenommen oder ob sie einen zeitlichen Versatz wahrgenommen hatten. Das interessante Ergebnis: Die japanischen Studenten konnten den zeitlichen Versatz im Durchschnitt bereits bei 5 Millisekunden wahrnehmen, während die deutschen Studenten dazu erst bei 17 Millisekunden in der Lage waren. Das Erkennen subsprachlicher Muster ist also offenbar sogar kulturabhängig.

Der amerikanische Neurowissenschaftler Frank E. Musiek hat einen sehr interessanten Test entwickelt, bei dem er seinen Versuchspersonen rasche Folgen von jeweils *drei* aufeinander folgenden Tönen mit *zwei* verschiedenen Frequenzen von 880 Hertz (*A*) und 1.122 Hertz (*B*) vorspielte. Jeweils eine dieser beiden Frequenzen musste somit zweimal vorkommen. Welche der beiden das war und in welcher Reihenfolge dies geschah, war zufallsgesteuert. Es gab also die sechs Möglichkeiten: *ABB – BAB – BBA – BAA – ABA – AAB* (Abb. 17). Die Versuchspersonen sollten entscheiden, an welcher Stelle der *abweichende* Ton eingebaut worden war. Das konnte also an erster, zweiter oder dritter Stelle sein. Musiek fand heraus, dass die Ergebnisse seiner zahlreichen Versuchspersonen bei diesem Test wiederum in engem Zusammenhang mit deren sprachlicher Kompetenz standen.

Auf dieser Erkenntnis beruht die Arbeitsweise des Frequenz-Muster-Tests: In exakter Übereinstimmung mit dem Versuchsauf-

Abbildung 17

TAKT-7: Test Ihrer Frequenz-Muster-Schwelle

- Bitte setzen Sie zunächst den Kopfhörer an Ihrer Soundcard auf.
- Nebenstehend sehen Sie einen Zahlenbalken von 200-20 ms.
- Diesen Zahlenbalken finden Sie bei allen Testschritten wieder.
- Neben diesem Balken erscheint bei jedem Klicken eine neue Zahl.
- Sie gibt die Zeitdauer der drei währenddessen hörbaren Töne an.
- Einer dieser drei Töne weicht deutlich von den beiden anderen ab.
- Sie entscheiden, an wievielter Stelle der abweichende Ton lag.
- In der Tabelle hierunter kreuzen Sie "1" oder "2" oder "3" an.
- Dann klicken Sie einmal und rufen die drei nächsten Töne ab.

Frequenz-Muster-Test								
ms	1	2	3		ms	1	2	3
200					55			
180					50			
160					46			
140					42			
120					38			
100					34			
90					30			
80					28			
75					26			
70					24			
65					22			
60					20			

Abbildung 18

bau von Musiek hören Sie im Kopfhörer jeweils eine der sechs oben aufgeführten Tonfolgen. Mit dem dafür entwickelten Gerät entscheiden Sie, ob der *eine* gegenüber den beiden anderen *abweichende* Ton an erster, zweiter oder dritter Stelle zu hören war. Dementsprechend drücken Sie entweder nur die linke Taste, beide Tasten gleichzeitig oder nur die rechte Taste. Mit jeder richtigen Entscheidung verringern sich die Dauer der drei Töne *und* ihr zeitlicher Abstand voneinander. Mit jeder falschen Entscheidung verlängern sich die Werte, bis auch hier wieder Ihr Bestwert ermittelt wurde. Auch das zugehörige Training wird ähnlich vollzogen wie zuvor mehrfach erwähnt: Nach dem Umstecken des Kopfhörersteckers auf die linke Buchse blitzen zur Markierung der Position des abweichenden Tons die richtigen Leuchtdioden kurz auf (Abb. 18)

Die zutreffenden Antworten finden Sie in der Tabelle »Ihr Low-Level-Profil« am Ende des Buches. Als ungefähren Anhaltspunkt für die Durchschnittswerte von Erwachsenen ab 20 bis zu 70 Lebensjahren aufwärts können Sie folgende Formel für Ihre wünschenswerte Frequenz-Muster-Unterscheidungsschwelle ansetzen:

➜ Frequenz-Muster-Test [ms] = 3,8 × Lebensalter [J.] − 56 [ms]

Danach sollte ein Zwanzigjähriger also etwa bei 20 Millisekunden liegen, ein Siebzigjähriger dagegen würde mit 210 Millisekunden noch innerhalb seines Altersdurchschnitts liegen.

■ Der Zeit-Muster-Test: Duration-Pattern-Test

Der Neurowissenschaftler Musiek hat sich gründlich mit dem Erkennen kurzer *Frequenz*muster befasst. So lag es nahe, dass er sich auch der *zeitlichen* Auflösung von Sprache zuwandte. Hier entwickelte er die Aufgabe, aus einer Folge von drei gleicher Ton*höhe* denjenigen herauszuhören, der gegenüber den beiden anderen Tönen *länger* war. Wenn wir den längeren Ton als *L* und die beiden kürzeren Töne als *K* bezeichnen, gab es hier somit die drei Möglichkeiten *LKK – KLK – KKL*. Die Probanden sollten also entscheiden, an welcher Stelle sie den *längeren* Ton gehört zu haben glaubten (Abb. 19)

Abbildung 19

TAKT-8: Test Ihrer Zeit-Muster-Schwelle

- Bitte setzen Sie zunächst den Kopfhörer an Ihrer Soundcard auf.
- Nebenstehend sehen Sie einen Zahlenbalken von 200-20 ms.
- Diesen Zahlenbalken finden Sie bei allen Testschritten wieder.
- Neben diesem Balken erscheint bei jedem Klicken eine neue Zahl.
- Sie gibt die Zeitdauer der Pausen zwischen den drei Tönen an.
- Einer dieser drei Töne ist doppelt so lang wie die beiden anderen.
- Sie entscheiden, an wievielter Stelle der längere Ton lag.
- In der Tabelle hierunter kreuzen Sie "1" oder "2" oder "3" an.
- Dann klicken Sie einmal und rufen die drei nächsten Töne ab.

Zeit-Muster-Test								
ms	1	2	3		ms	1	2	3
400					80			
360					75			
320					70			
280					65			
240					60			
200					55			
180					50			
160					46			
140					42			
120					38			
100					34			
90					30			

Abbildung 20

Genau so wurde dieser Zeit-Muster-Test gestaltet: Sie hören im Kopfhörer jeweils eine der drei oben aufgeführten Tonfolgen. Sie entscheiden, ob der *eine* gegenüber den beiden anderen *längere* Ton an erster, zweiter oder dritter Stelle zu hören war. Dementsprechend drücken Sie entweder nur die linke Taste, beide Tasten gleichzeitig oder nur die rechte Taste. Mit jeder richtigen Entscheidung verringern sich die Dauer der drei Töne *und* ihr zeitlicher Abstand voneinander. Mit jeder falschen Entscheidung verlängern sich die Werte, bis auch hier wieder Ihr Bestwert ermittelt wurde. Auch das zugehörige Training wird ähnlich vollzogen wie zuvor erwähnt: Nach dem Umstecken des Kopfhörersteckers auf die linke Buchse blitzen zur Markierung der Position des abweichenden Tones die richtigen Leuchtdioden kurz auf (Abb. 20).

Die zutreffenden Antworten finden Sie in der Tabelle »Ihr Low-Level-Profil« am Ende des Buches. Als ungefähren Anhaltspunkt für die Durchschnittswerte von Erwachsenen ab 20 bis zu 70 Lebensjahren aufwärts können Sie folgende Formel für Ihre wünschenswerte Zeit-Muster-Unterscheidungschwelle ansetzen:

➜ Zeit-Muster-Test [ms] = 1,6 × Lebensalter [J.] + 8 [ms]

Danach sollte ein Zwanzigjähriger also wenigstens bei 40 Millisekunden liegen, ein Siebzigjähriger dagegen würde mit 120 Millisekunden noch innerhalb seines Altersdurchschnitts liegen.

■ Der Nutzen des Trainings der Low-Level-Funktionen

Die oben beschriebenen, für persönlich-private Zwecke entwickelten Geräte erlauben neben dem *Testen* von bis zu acht Low-Level-Funktionen auch das *Trainieren* all dieser Funktionen. Die nahezu synchron erzeugten visuellen Reize dienen als Zugangshinweise, als »Cues«, zur richtigen Beantwortung der auditiven Aufgaben. Ein typischer und besonders effizienter Testablauf gestaltet sich damit folgendermaßen:

Der Kopfhörerstecker wird zum Training in die linke Kopfhörerbuchse gesteckt, sodass die Lichtblitze aktiviert werden. Der Trainierende konzentriert sich auf die auditiven Aufgaben und nutzt die Lichtblitze, die er nahezu gleichzeitig sieht, zur Absicherung seiner Entscheidung. Nach jedem Trainingsdurchlauf soll ein Testdurchlauf ohne Lichtblitze folgen: Dazu gehört der Kopfhörerstecker in die rechte Buchse. So wird unmittelbar nach jedem Testdurchlauf festgestellt, um wie viel sich die Endwerte bereits verbessert haben.

■ Kognitive oder automatisierte Entscheidungen?

Dabei gibt es aber noch einen gewichtigen Unterschied: Viele Menschen geben beim Testablauf, also *ohne* die Hilfe der Leuchtdioden, ihre Entscheidung durch den Tastendruck erst ab, nachdem sie sich die auditive Aufgabe noch einmal innerlich »vorgespielt« haben. Sie hören also beispielsweise beim Frequenz-Muster-Test die drei Töne

TÜT-TÜT-TAT, das heißt den abweichenden Ton an dritter Stelle, aber sie müssen sich diese Tonfolge noch einmal aus ihrem Kurzzeitgedächtnis abrufen, um die Entscheidung zum Betätigen der rechten Taste auch sicher fällen zu können. Sie treffen somit letztlich eine kognitive Entscheidung.

Anders bei denjenigen, die den Entscheidungsprozess so weit automatisiert haben, dass bei ihnen – um im obigen Beispiel zu bleiben – der Daumen der rechten Hand bereits *unmittelbar* nach dem vollendeten Hören der drei Töne zuckt, um die rechte Taste zu betätigen. Das kann auch ein gleitender Prozess werden: Wenn ich mich bis vor einigen Monaten beim Frequenz-Muster-Test im Bereich oberhalb von 50 Millisekunden bewegte, traf ich meine – zutreffenden – Entscheidungen automatisiert. Nach dem Unterschreiten dieses Wertes musste ich mir die Tonfolge noch einmal innerlich vorspielen. Aber dieser Punkt des Übergangs von der automatisierten zur kognitiven Entscheidung verschiebt sich bei mir dank regelmäßigen Übens langsam, aber stetig in Richtung meines typischen Endwertes von 18 Millisekunden. So empfehle ich auch Ihnen, beim Training nicht aufzuhören, wenn Sie kognitiv gesteuerte gute Endwerte erreicht haben, sondern die Stufe der automatisierten Entscheidungen anzustreben.

■ Lese-Rechtschreib-Probleme

Bei der Schilderung der Zusammenhänge zwischen der Ordnungsschwelle und Problemen beim Lesen und in der Rechtschreibung wurde bereits herausgestellt, dass ein Training der Ordnungsschwelle *allein* schwerlich zu einer Besserung der Lese-Rechtschreib-Leistungen führen dürfte.

Dennoch haben Waldemar von Suchodoletz und Dagmar Berwanger (2004) von der Ludwig-Maximilians-Universität München in einer umfangreichen Studie diesen meiner Meinung nach überflüssigen Nachweis noch einmal erbracht. Suchodoletz' und

Berwangers Konzept sah ein Training *ausschließlich* der Ordnungsschwelle und des Richtungshörens ausgerechnet an einer Sonderschule für Schüler mit erheblichen Lese-Rechtschreib-Schwächen vor. Dieses Setting war meiner Prognose zufolge förmlich zum Scheitern prädestiniert.

Inzwischen sind aber die Zusammenhänge zwischen der *Summe* der Low-Level-Störungen und Auffälligkeiten beim Lesen und Rechtschreiben wissenschaftlich gesichert worden. Dies zeigte eine Studie an drei Grundschulen in Thüringen. Sie wurde vom thüringischen Kultusministerium finanziert und durch Uwe Tewes von der Medizinischen Hochschule Hannover begleitet:

Ein viermonatiges Training der Low-Level-Defizite ergab in dieser kontrollierten Studie bei leserechtschreibschwachen Schülern hoch signifikante Verbesserungen bis zur Lese-Rechtschreib-Ebene. Je 14 leserechtschreibschwache Schüler pro Gruppe nahmen an der Studie teil. Die Kontrollgruppe A erhielt den bestmöglichen lerntheoretisch fundierten Förderunterricht, also herkömmliche Rechtschreibförderung durch Regeltraining. Die Trainingsgruppe B durchlief nur das »Low-Level-Training« mit sieben der vorstehend beschriebenen acht Low-Level-Funktionen. Gruppe C benutzte zusätzlich zum Low-Level-Training auch das synchrone »Lateraltraining«. Beim Lateraltraining hört das Kind eine Modellstimme im Kopfhörer und liest den zugehörigen Text zeitgleich über ein Mikrofon. Die Ergebnisse dieser Studie auf der Lese-Rechtschreib-Ebene waren sind in Abbildung 21 dargestellt.

Abbildung 21

Gruppe A verbesserte sich mit dem herkömmlichen, lerntheoretisch begründeten Unterricht um 6,3 Prozent; Gruppe B allein mit dem Low-Level-Training um 18,9 Prozent; die Gruppe C mit dem zusätzlichen Lateraltraining gar um 42,6 Prozent. Diese in nur vier Trainingsmonaten erreichten Verbesserungen stehen somit in erfreulichem Gegensatz zu den herkömmlichen lerntheoretisch begründeten Fördermethoden. Damit wurde erstmals der empirische Nachweis erbracht, dass dieses Training die Leistungen in der zentralen Verarbeitung verbessert und zudem einen bedeutsamen Transfer auf die Rechtschreibleistungen bewirkt.

◼ Mentales Aktivierungstraining

Die Abhängigkeit der Low-Level-Werte vom Lebensalter wurde für Kinder durch eine Reihe von Dissertationen nachgewiesen, bei denen Uwe Tewes vier Doktorandinnen bei insgesamt 382 fünf- bis zwölfjährigen Jungen und Mädchen sieben der acht Low-Level-Funktionen erheben ließ und in denen er die Normwerte für diese Funktionen ableitete.

Tabelle 3 lässt erkennen, dass sich alle erhobenen Low-Level-Funktionen im Zuge des natürlichen Reifungsprozesses stetig verbessern, die Kurve aber mit Annäherung an das zwölfte Lebensjahr immer flacher verläuft. Danach fehlen uns zwischen zwölf und zwanzig Jahren genaue Daten, doch spricht vieles dafür, dass sich der Verlauf in diesem Altersbereich noch flacher darstellt und dass die Lebensbestwerte mit etwa zwanzig Jahren erreicht werden.

Der Altersbereich ab 20 bis zu 70 Lebensjahren ist durch eine Dissertation von Djaudat Katerji an der Medizinischen Hochschule Hannover mit hundert Probanden, gleichmäßig verteilt mit 20 Probanden pro Lebensjahrzehnt, erhoben worden. Aufgrund dieser geringen Probandenzahl lassen sich hier Mittelwerte nicht mit hinreichender Reliabilität angeben. Deshalb hatten wir auch im vorherigen Abschnitt nur von *Richtwerten* gesprochen. Jedoch ist aus der Gegenüberstellung dieser Richtwerte in Tabelle 4 allein für Zwanzigjährige gegenüber Siebzigjährigen gut zu er-

Mentales Aktivierungstraining

Tabelle 3: Altersabhängige Mittelwerte von sieben Low-Level-Funktionen

Alter	Ordnungsschwelle [ms] visuell	Ordnungsschwelle [ms] auditiv	Rich- tungs- hören [μs]	Tonhö- henunter- scheidung [%]	Finger- Tapping [ms]	Wahl- Reaktion [ms]	Frequenz- Muster [ms]
5	160	260	157	50	528	1416	575
6	108	190	122	39	487	1248	405
7	63	136	95	31	444	1172	300
8	47	99	74	24	403	1040	220
9	41	83	59	21	372	952	162
10	38	73	49	21	345	820	142
11	36	68	43	21	316	732	116
12	35	65	39	21	292	648	116

kennen, dass in diesen fünfzig Jahren eine deutliche Beeinträchtigung der sieben durch Katerji erhobenen Low-Level-Funktionen eintritt.

Wohlgemerkt: Hier handelt es sich um Richtwerte, die annähernd Mittelwerten entsprechen dürften. Mittelwerte stellen aber, in Schulzensuren bewertet, nur eine Note Drei bis Vier dar. Also ist es gut verständlich, wenn in zunehmendem Maß auch Erwachsene die Verbesserung ihrer Low-Level-Funktionen als eine wichtige Komponente ihres mentalen Aktivierungstrainings einbeziehen. Aus ersten Untersuchungen wissen wir inzwischen, dass auch bei Erwachsenen durch Training eine recht zügige Verbesserung praktisch aller Low-Level-Werte möglich ist.

Tabelle 4: Gegenüberstellung von sieben Low-Level-Richtwerten von 20- und 70-jährigen

Alter	Ordnungsschwelle [ms] visuell	Ordnungsschwelle [ms] auditiv	Rich- tungs- hören [μs]	Tonhö- henunter- scheidung [%]	Wahl- Reaktion [ms]	Fre- quenz- Muster [ms]	Zeit- Muster [ms]
20	24	46	20	7	609	20	40
70	84	111	78	21	914	210	120

Tabelle 5: Gegenüberstellung der Trainingserfolge bei sieben Low-Level-Funktionen

| Zeit-punkt | Ordnungsschwelle [ms] | | Rich-tungs-hören [µs] | Tonhö-henunter-scheidung [%] | Wahl-Reaktion [ms] | Frequenz-Muster [ms] | Zeit-Muster [ms] |
	Visuell	auditiv					
Beginn	46	67,5	50	4	641,5	62,5	90
Ende	30	34	20	1	360	29	36

An einer kontrollierten Studie, zu der Annette Al-Hassani wesentliche Beiträge geleistet hat und deren erste Ergebnisse vorliegen, nahmen insgesamt 38 Erwachsene teil. Davon trainierten 28 Probanden bis zu fünf Wochen sieben Low-Level-Funktionen, während die Werte der zehn Probanden der Kontrollgruppe nur je einmal am Anfang und am Ende dieser fünf Wochen erhoben wurden. Das Durchschnittsalter der Trainingsgruppe betrug 43,7 Jahre. Die Tabelle 5 zeigt die Medianwerte der Trainingsgruppe vor Beginn des Trainings und nach dessen Abschluss. Alle Verbesserungen wurden statistisch als hoch signifikant eingestuft. Die Kontrollgruppe dagegen zeigte gar keine signifikanten Veränderungen. Es wäre auch wohl kaum plausibel, dass sich verminderte Low-Level-Funktionen innerhalb so kurzer Zeiten gewissermaßen »von selbst« regenerieren sollten.

Die Ergebnisse nach dem Training dieser über Vierzigjährigen liegen fast ausnahmslos in der Größenordnung der obigen Richtwerte von Zwanzigjährigen! Betrachten wir ergänzend den exemplarischen Fall eines damals 71-Jährigen, dem inzwischen zahlreiche weitere ähnlicher Art gefolgt sind.

Der Fall des Kurt M.

Aus einem Bericht vom Mai 2001:

»Zu meiner Person: Jahrgang 1930, selbstständiger Diplomingenieur für das Bauwesen bis zum Ruhestand 1967. Durch die Lektüre des Buches

›Der Takt des Gehirns‹ wurde mir zum ersten Mal bewusst, dass zum Beispiel das Verstehen von Sprache nicht nur vom Ohr, sondern auch von der Fähigkeit der zentralen Hörverarbeitung abhängig ist und dass diese Fähigkeit trainierbar ist. Das hatte mir bis dato kein Ohrenarzt gesagt. Das Thema interessierte mich deshalb, weil ich bei mir neben einer altersbedingten leichten Schwerhörigkeit auch Schwierigkeiten bei der zentralen Hörverarbeitung festgestellt habe. Diese äußern sich zum Beispiel darin, dass mich das längere und aufmerksame Zuhören von schnell gesprochenen Worten anstrengt und zu Kopfschmerzen führt. Auch dass mir das flüssige, schnelle Sprechen schwer fällt. Die Aussicht, diese Schwächen durch eigenes Training mildern oder gar ganz beseitigen zu können, war für mich Anreiz zum Training. So erhoffte ich mir von dem Training unter anderem: Besseres Verstehen des gesprochenen Wortes, schnelleres und flüssigeres eigenes Sprechen, schnelleres und fehlerfreieres Vorlesen, bessere Reaktion (auditiv und visuell) beim Autofahren und beim Sport, Stärkung meiner Konzentration und meiner Entscheidungsfreudigkeit und anderes mehr.

Seit November 2000 trainiere ich etwa fünfmal in der Woche 10–15 Minuten. Die Werte werden in der Ergebnistabelle der Gebrauchsanweisung protokolliert. Die Auswertung der Ergebnistabelle zeigt: Alle erzielten Ergebnisse waren bei Trainingsbeginn zum Teil wesentlich ungünstiger als die in der Gebrauchsanweisung genannten Richtwerte. Jetzt, nach gut sechs Monaten, liegen die Ergebnisse im Bereich der Richtwerte, einige sind sogar günstiger.

Die erhoffte Wirkung des Trainings ist erreicht. Die erforderliche Ausdauer hat sich somit gelohnt. Das Training wird in verkürzter Form fortgesetzt.«

◼ Die Schwerhörigkeit und der Cocktail-Party-Effekt

Bei der Besprechung des Richtungshörens hatten wir dessen anteilige Bedeutung für das Heraushören einer Nutzschallquelle aus einer Brandung von Störgeräuschen beispielsweise in lärmerfüllten Klassen oder bei Zusammenkünften zahlreicher miteinander plaudernder Menschen auf einer Party erwähnt. Psychoakustiker

138   Der Nutzen des Trainings der Low-Level-Funktionen

sind gesellige Leute. Von ihnen stammt vermutlich auch die Bezeichnung dieses Phänomens als »Cocktail-Party-Effekt«. Bis vor
einigen Jahren herrschte die Auffassung vor, dieser Effekt werde
allein durch das Richtungshören bestimmt, so wie bei Fernsehkri-
mis zuweilen mit einem Richtmikrofon über größere Entfernun-
gen der Verdächtige abgehört wird.

Tatsächlich aber wird dieser Effekt beim Menschen nicht allein
durch das Richtungshören bestimmt, wie Untersuchungen durch
Henning Scheich vom Leibniz-Institut für Neurobiologie in Magdeburg bestätigt haben. Die Volkswagen-Stiftung hatte zu diesem
Zweck bereits im Jahr 2001 Fördermittel im Gesamtwert von rund
900.000 € an Scheich und seine Kollegen Holger Schulze, ebenfalls vom Leibniz-Institut für Neurobiologie in Magdeburg, Gerald Langner von der Technischen Universität Darmstadt sowie
Günther Palm von der Neuroinformatik der Universität Ulm zur
besseren Erforschung des Cocktail-Party-Effekts vergeben. Bei einem weiteren von der Volkswagen-Stiftung geförderten Projekt zu
dem Thema »Cocktail-Party-Effekt« sind Hermann Wagner vom
Institut für Biologie II der RWTH Aachen sowie Dr. Israel Nelken
vom Department of Physiology und Dr. Merav Ahissar vom Department of Psychology der Hebrew University of Jerusalem be-
teiligt. Es tut sich also einiges auf diesem Gebiet.

Klar definiert, verstehen die damit befassten Disziplinen, zunächst die Psychoakustik und seit einiger Zeit auch die Neurobiologie und die Neuroinformatik, unter dem Party-Effekt die Tren-
nung eines bestimmten akustischen Musters, wie eben einer
einzelnen Stimme, vor einem ähnlichen akustischen Hintergrund.
Dahinter steckt ein komplexer, teils kognitiver und teils automati-
sierter Vorgang. Bei diesem Prozess werden verschiedene akustische Komponenten zunächst miteinander verbunden, dann von
den überlagernden Stimmmustern anderer Sprecher abgetrennt
und schließlich individuell verfolgt. Geht diese Fähigkeit verloren,
kann das ein erster Hinweis auf einen fortschreitenden Hörverlust
sein; eine Beeinträchtigung, die etwa in einem Audiogramm noch
nicht zu erkennen wäre. Tatsächlich beklagen sich ältere Men-

Die Schwerhörigkeit und der Cocktail-Party-Effekt

schen mit Hörverlusten überwiegend darüber, dass sie trotz einwandfreier Hörgeräteversorgung in Gegenwart mehrerer Sprechender nicht mehr selektieren können.

Bei genauer Betrachtung der wissenschaftlich äußerst anspruchsvollen Berichterstattung über dieses Projekt deutet Vieles darauf hin, dass die Low-Level-Funktionen beim Erkennen und Abgrenzen dieser akustischen Muster gegenüber dem erwähnten ähnlichen Hintergrund eine dominante Rolle spielen dürften. Das lässt zugleich die Frage entstehen, ob der Begriff der »Schwerhörigkeit« auch künftig so verstanden werden sollte wie bisher, das heißt ausschließlich als Beeinträchtigung der Funktion nur unserer Ohren, also des so genannten peripheren Hörens.

In seiner Habilitationsschrift zu dem Thema »Audiometrische Befunde zur Differenzierung peripherer und zentraler Anteile der Hörfähigkeit im Alter« hat sich Gerhard Hesse (2004) intensiver mit dieser Frage befasst. Nach Untersuchungen an 477 Hörbehinderten kommt Hesse zu diesen Folgerungen:

»Für die übergroße Mehrzahl der Schwerhörigkeiten im Alter sind sowohl Haarzellschäden des Innenohres als auch Veränderungen der neuronalen Hörverarbeitung verantwortlich.« – »Es wird und sollte Aufgabe der Hals-Nasen-Ohrenärzte sein, das Hören in seiner gesamten Dimension zu begreifen, sowohl in Bezug auf die Mittel- und Innenohrfunktionen als auch die weiteren zentralen Verarbeitungsprozesse.«

Dieser Forderung nach stärkerer Berücksichtigung der zentralen Hörverarbeitung fügen wir die Ergebnisse einer statistischen Erhebung des bedeutendsten deutschen Unternehmens auf dem Gebiet der Versorgung von Hörbehinderten mit Hörgeräten hinzu:

Nach einer persönlichen Mitteilung von Martin Kinkel, dem Leiter der Abteilung Forschung und Entwicklung in diesem Unternehmen, beträgt das Durchschnittsalter der zuletzt erfassten über 10.000 Hörgeräteversorgungen genau 70,0 Jahre. Das Durchschnittsalter der erstversorgten Frauen betrug 71,3 Jahre, das der erstversorgten Männer 67,0 Jahre. Damit bestätigt sich eine frühere Untersuchung des Deutschen Grünen Kreuzes, wonach der typische deutsche Hörbehinderte sein Hörgerät ungefähr sieben bis zehn Jahre zu spät anschafft. Was heißt »zu spät«? Nun, zum Zeitpunkt des Einsetzens der peripheren Hörstörung sind ja die zentral angesiedelten Low-Level-Funktionen ohnehin schon beeinträchtigt. Wenn nun auch noch die peripheren Hörreize ausbleiben oder stark deformiert werden, muss dies zu einem weiteren Verlust an Low-Level-Fertigkeiten führen; denn wir lernen nur am Reiz und erhalten das Gelernte am Reiz aufrecht.

Dazu passt wieder ganz überzeugend eine weitere Feststellung aus der zuvor erwähnten Studie: Bei zahlreichen 60- bis 80-Jährigen war das periphere Hören völlig normal – ihre Hörbehinderung beruhte also *ausschließlich* auf zentralen Verarbeitungsstörungen. Hier wäre eine herkömmliche Versorgung mit Hörgeräten geradezu kontraindiziert, sondern allein ein Training der Low-Level-Funktionen angezeigt. Und dass Strukturen der Hörverarbeitung auch im hohen Alter noch regenerationsfähig und damit trainierbar sind, hatte J. Willot (1996) experimentell nachgewiesen.

Eine weitere Evidenz in dieser Richtung liefert die Studie einer Gruppe um Kelly E. Tremblay (2002). Hier wurden nicht unmittelbar die Low-Level-Funktionen bewertet, sondern die – siehe das Ptok-Modell der Stufen sprachlicher Kompetenz – gleich darüber angeordnete phonetische Stufe. An je einer Gruppe von Probanden unter 32 und über 61 Jahren wurde die Fähigkeit zur Lautunterscheidung zwischen den Plosivlauten *b* und *p* erhoben. Das erinnert zunächst sehr an die Steinbüchel-Studie mit dem Versuch der Unterscheidung zwischen *d* und *t* bei Aphasikern. Der wichtige Unterschied bestand aber hier darin, dass es sich bei allen Probanden um kerngesunde Menschen handelte, ja dass bei der Gruppe der älteren Probanden nicht einmal eine altersbedingte Hörbehinderung vorlag. Dennoch war die Diskrimination der älteren gegenüber den jüngeren Probanden deutlich beeinträchtigt. Das konnte sogar objektiv durch Hirnstromanalysen nachgewiesen werden, in denen eine Beeinträchtigung der zeitlichen neuronalen Verarbeitung im Hörbereich der Älteren offenkundig wurde. Zeitliche Verarbeitung stellt aber eine wichtige Komponente der auditiven Ordnungsschwelle, des Richtungshörens, der Wahl-Reaktions-Zeit, der Frequenz-Muster- und der Zeit-Muster-Erkennung dar.

Höchst selten gibt es eine »Schwerhörigkeit pur«, also ohne die damit verbundenen Einbußen der Low-Level-Funktionen. Leider aber werden die meisten deutschen Hörbehinderten lediglich mit Hörgeräten versorgt, ohne auf die Low-Level-Funktionen zu achten: Der HNO-Arzt stellt den peripheren Hörverlust des Patienten fest und leitet ihn in der Regel an einen Hörgeräte-Akustiker weiter. Dieser korrigiert mit größter Sorgfalt das periphere Hören. Nach fundierten Schätzungen landet jedes zweite dieser Hörgeräte in der Schublade, und sein Besitzer wird damit allein gelassen.

Aufmerksamkeits-Defizit-Syndrom

Die Schätzungen über die Prävalenz des Aufmerksamkeits-Defizit-Syndroms (ADS; engl. Attention Deficit Disorder: ADD) gehen weltweit sehr weit auseinander und reichen von Negierung des Problems bis zu Werten von zehn Prozent bei Kindern und Jugendlichen und bis zu sechs Prozent bei Erwachsenen. In Verbindung mit Hyperaktivität spricht man dann vom Aufmerksamkeits-Defizit-Hyperaktivitäts-Syndrom (ADHS; im Englischen: ADHD). Als eine wahrscheinliche Ursache wird eine irreguläre Funktion bestimmter präfrontaler Hirnareale angesehen. Die am weitesten verbreitete medikamentöse Therapie besteht in der regelmäßigen Gabe von Methylphenidat, einem Psychopharmakon, das unter den Markennamen Ritalin, Equasym, Medikinet und anderen vertrieben wird.

Der Vorsitzende der Arzneimittelkommission der deutschen Ärzteschaft, Bruno Müller-Oerlinghausen, vertritt die Auffassung, dass es zur Behandlung mit diesen Stimulanzien derzeit keine brauchbaren *medikamentösen* Alternativen gibt. Auf der anderen Seite wurde jedoch auch klar zum Ausdruck gebracht, dass eine medikamentöse Behandlung dieses Syndroms des Kindesalters nur im Rahmen einer *therapeutischen Gesamtstrategie* indiziert ist. Übereinstimmung besteht auch darüber, dass die Voraussetzung einer solchen Behandlung die fachlich kompetente Diagnose möglichst durch einen Facharzt für Kinder- und Jugendpsychiatrie ist. Dagegen stehen Berichte und Untersuchungen zum Beispiel von Christina Pöthko-Müller (2005), Bundesinstitut für Arzneimittel und Medizinprodukte, über Nebenwirkungen und Langzeitfolgen wie Appetitlosigkeit, Magenschmerzen, Übelkeit, Schlafstörungen, Einschlafstörungen, Stimmungsschwankungen, verzögertes Längenwachstum und verringerte Gewichtszunahme. Neben der von großen Teilen der deutschen Facharzteschaft in enger Anlehnung an die Auffassung von Müller-Oerlinghausen vertretenen medikamentösen Therapie gibt es überzeugende verhaltenstherapeutische Ansätze und in jüngerer Zeit auch die Methode des Neurofeedback. Diese Technik erhöht die Fähigkeiten eines Menschen zur Selbstkontrolle durch Rückmeldung seiner Hirnaktivitäten. Dem Patienten werden seine in den präfrontalen Arealen abweichenden Hirnstromaktivitäten in altersgerechte Bildschirmdarstellungen umgesetzt, also beispielsweise für kleinere Kinder Smileys und für Jugendliche die unendlichen Weiten des Weltraums. Die Smileys sollen zum Lächeln und die Raketen im Weltraum in Fahrt gebracht werden, wodurch implizit die »richtigen« Hirnstromaktivitäten eingeübt und das ADS oder ADHS zum Abklingen gebracht wird. Zur Wirksamkeit dieses Neurofeedback gibt es eine Studie »Aufmerksamkeit und Neurofeedback« von Thomas Fuchs (1998). In dieser Arbeit weist Fuchs die zumindest gleichrangige Wirksamkeit von Neurofeedback gegenüber Methylphenidat, bei bestimmten Hirnfunktionen sogar die Überlegenheit des Neurofeedback nach. Dass das Neurofeedback völlig frei von Nebenwirkungen oder Langzeitfolgen ist, kann als gesichert gelten.

Als weitere Möglichkeit gibt es aber auch erste erfolgreiche Versuche, durch Training der Low-Level-Funktionen bei Kindern gezielten Einfluss auf deren Hirnaktivitäten zu nehmen. Wenn wir daran

Aufmerksamkeits-Defizit-Syndrom   143

denken, dass wir beispielsweise bei der Erläuterung des Richtungshörens Peter Plath zitieren konnten, dass sich die Konzentration und
Aufmerksamkeit der zu therapierenden Kinder steigern ließ, liegt es
nahe, dass die Gesamtbatterie aller Low-Level-Funktionen noch
mehr bewirken kann. Auch hierzu erhielt ich von einer Therapeutin
ein Fallbeispiel, einen Bericht einer 34-jährigen Mutter, den ich mit
Zustimmung aller Betroffenen zitiere:

Der Fall Jannick B.

»Bei meinem Sohn Jannick wurde im Alter von sieben Jahren durch einen Kinder- und Jugendpsychologen ADS mit zentraler Hörverarbei-
tungsstörung diagnostiziert. Jannick zeigte sich sowohl in der Schule als
auch bei den Hausaufgaben sehr unkonzentriert. Zudem ließ er ständig
etwas fallen, legte sich über den Tisch und zeigte unkontrollierte Wut-
ausbrüche. Er vermochte, obwohl er willig war, nichts eigenständig zu
erarbeiten. Besonders auffällig waren seine vielen Fehler in der Rechtschreibung, obwohl er damals erst in der zweiten Klasse war. Er schrieb
in geübten Diktaten bis zu 20 Fehler und in ungeübten bis zu 40 Fehler.
Dabei konnten sogar mehrere Fehler innerhalb eines Wortes auftreten.
Ich war der Verzweiflung nahe, denn all mein häusliches Üben brachte
einfach nichts!
    Mein Kinderarzt empfahl mir die Aufnahme einer logopädischen Be-
handlung, bei der mit dem Low-Level- und dem Lateral-Training gearbeitet wird. Diese Therapie fand ich bei der Logopädin und Diplom-Pä-
dagogin Uta Friedrich in Worms. Die Behandlung erfolgte auf der
Grundlage des Warnke-Verfahrens, wobei in der ersten Stunde eine Hör-
befundung und Beratung vorgenommen wurde. Ab der dritten Sitzung,
die Jannick er als sehr anstrengend empfand, wurde ihm vom Kinderarzt
parallel Concerta 18 verschrieben. Dabei handelt es sich um ein Psychopharmakon mit dem Wirkstoff Methylphenidat, ähnlich dem bekannten
Ritalin. Das Arbeiten mit ihm wurde daraufhin leichter.
    Nach etwa zehn Therapiestunden wurde Jannicks Konzentration
merklich stärker. Die Fehler reduzierten sich und das Schriftbild wurde
sichtlich besser. Ich entschloss mich, das Psychopharmakum abzusetzen.
Auch ohne Concerta machte er weiter große Fortschritte. So stimmte der

Kinderarzt der Absetzung nachträglich zu. Die logopädische Behandlung auf der Grundlage des Warnke-Verfahrens lief weiter. Nach insgesamt nur 20 Therapiestunden hatte ich wieder ein konzentriertes und selbstbewusstes Kind, das nicht vergleichbar war mit dem Kind vor der Behandlung. Jannick sitzt ruhig und hört konzentriert den Anweisungen zu. In ungeübten Diktaten schreibt er nun etwa fünf Fehler und in geübten Diktaten null bis einen Fehler. Auch hat sich sein Schriftbild wesentlich verbessert. Seine Heftführung ist nun sehr ordentlich und übersichtlich. Er ist sehr sorgfältig in seiner Schrift geworden und hat die Anforderung an sich selbst, möglichst wenig durchgestrichene Wörter in seinem Heft stehen zu haben.

Obwohl die Therapie bereits im März 2004 beendet wurde, braucht mein Kind bis heute keine Medikamente mehr, und die erarbeiteten Therapiefortschritte auf der Grundlage dieses Verfahrens halten an. Er wird weiterhin ärztlich beobachtet und begleitet. Es macht wieder Spaß, mit Jannick zu arbeiten.«

■ Der professionelle Einsatz in Forschung und Therapie

Für diejenigen, die nur ihre Low-Level-Werte ermitteln und – falls erforderlich – trainieren möchten, reichen die Möglichkeiten der bisher beschriebenen Geräte völlig aus. Anders sieht es für die professionell Low-Level-Interessierten aus, also Wissenschaftler, Ärzte und Therapeuten. Hierzu wurde ein Profigerät entwickelt, das eine Reihe von Eigenschaften besitzt, die weitere Möglichkeiten und Erkenntnisse beim Testen und Trainieren der Low-Level-Funktionen erschließen:

So gibt es beispielsweise für den wissenschaftlichen Einsatz der Erhebung von Ordnungsschwellen und weiterer Low-Level-Funktionen heute eine Reihe von Approximationen, also Annäherungswegen an den Zielwert, für verschiedene Einsatzzwecke.

■ Quasi-logarithmische Approximation

In Ausweitung des Messmodus der »quasi-logarithmischen Approximation« ist mit dem Profigerät eine bewusst noch wesentlich breiter angelegte Skalierung der Reizpärchen möglich: Die Inter-Stimulus-Intervalle reichen von 1.800 – 1.750 – 1.700 – 1.650 – 1.600 – 1.550 – 1.500 – 1.450 – 1.400 – 1.350 – 1.300 – 1.250 – 1.200 – 1.150 – 1.100 – 1.050 – 1.000 – 950 – 900 – 850 – 800 – 750 – 700 – 650 – 600 – 550 – 500 – 450 – 400 – 360 – 320 – 280 – 240 – 200 – 180 – 160 – 140 – 120 – 100 – 90 – 80 – 75 – 70 – 65 – 60 – 55 – 50 – 46 – 42 – 38 – 34 – 30 – 28 – 26 – 24 – 22 – 20 – 18 –

16 – 14 – 12 – 10 – 9 – 8 – 7 – 6 – 5 Millisekunden. Der Versuchsleiter kann dabei den Beginn jedes Testablaufs an praktisch jeder
beliebigen Stelle programmieren. Selbst wenn er bei einem ihm
völlig unbekannten oder rätselhaften Probanden vorsorglich mit
einem Inter-Stimulus-Intervall von 1.500 Millisekunden beginnen würde, wäre sichergestellt, dass der Proband seinen – vorstellbaren – Ordnungsschwellenwert von beispielsweise 50 Millisekunden in rund 40 Schritten erreicht. Und 40 Schritte sind selbst
für Kinder und andere Ungeübte gut zumutbar und liegen noch
unter dem Ermüdungspunkt, dem »point of fatigue«, selbst kleiner Kinder.

■ Sukzessive Approximation

Eine weitere Messmethode, die im Profigerät wählbar ist, dient
ebenfalls zur besonders raschen und dennoch präzisen Annäherung an einen unbekannten oder unsicheren Zielwert. Sie geht
grundsätzlich von einem Startwert von 512 Millisekunden aus,
der beispielsweise fünfmal angeboten wird. Hat der Proband davon viermal richtig geantwortet, so wird dieses Inter-Stimulus-Intervall auf 256 Millisekunden halbiert. Erreicht er auch hier vier
Richtige, wird erneut auf 128 Millisekunden halbiert und so fort.
Wird diese Trefferquote von 4:1 irgendwann nicht erreicht, so
wird die Spanne zwischen dem letzten richtigen und dem nicht
mehr richtigen Inter-Stimulus-Intervall halbiert: Nehmen wir an,
der Wert von 128 Millisekunden sei geschafft, aber der daraufhin
halbierte Wert von 64 Millisekunden wurde nicht mehr mit der
erwähnten achtzigprozentigen Treffsicherheit entsprechend vier
Richtigen vollbracht. Dann werden die nächsten Reizpaare mit 96
Millisekunden angeboten, also dem Wert auf halbem Weg zwischen 64 und 128 Millisekunden. Dies stellt eine besonders rasche
und genaue Methode zum Ermitteln des Zielwertes dar, und zwar
ebenfalls in der Regel innerhalb von weniger als drei Minuten.

Random-Methode

Ein weiterer Modus im Profigerät ist darauf ausgelegt, eine mögliche Ermüdung des Probanden dadurch abzufangen und auszugleichen, dass die Inter-Stimulus-Intervalle sich nicht regelhaft verändern, sondern vielmehr in einer Zufallsreihenfolge innerhalb eines programmierbaren Bereichs angeboten werden. Wenn es also beispielsweise wichtig ist, mit hoher Treffsicherheit bei einem Probanden festzustellen, wo im vorher schon grob eingegrenzten Bereich zwischen 60 und 80 Millisekunden seine Ordnungsschwelle liegt, kann man diesen Bereich mittels des Random-Modus in Fünfergruppen rastern, sodass als Messpunkte die Werte 60 – 65 – 70 – 75 – 80 Millisekunden entstehen. Nun muss man noch entscheiden, wie häufig jeder dieser Werte angeboten werden soll. Danach übernimmt das Gerät den weiteren Ablauf, indem es die ausgewählten fünf verschiedenen Inter-Stimulus-Intervalle in einer Zufallsreihenfolge wild durcheinander ertönen lässt. Das Gerät registriert für jeden angebotenen Wert die Anzahl der richtigen Entscheidungen des Probanden. Am Ende stellt das Gerät fest, bei welchem niedrigsten Reizabstand der Proband gerade die Trefferquote von 80 Prozent erreicht hat, und gibt diesen Wert im Display bekannt.

Klicks, Rauschbursts oder Sweeps?

Alle vor dem Jahr 1995 verfügbaren Geräte erzeugten für das Messen der auditiven Ordnungsschwelle nur Klicks. Das sind Impulse mit einer Dauer von einer Millisekunde, das heißt einer Halbperiode eines Rechtecksignals von 500 Hertz. Der Proband hört also auf jedem Ohr nacheinander einen ganz kurzen, aber stark oberwellenreichen Ton von 500 Hertz, was offenkundig in der Vergangenheit zu mehr oder weniger häufigen Fehlmessungen der Ordnungsschwelle geführt hat. Dieser Tatsache und ihren möglichen Auswirkungen ist in früheren Veröffentlichungen über die Ordnungsschwelle keine Bedeutung zugemessen worden. Jeder hat vom anderen die Klicks von einer Millisekunde übernommen. Tatsächlich aber hat sich bei Messungen der Ordnungsschwelle mit Menschen unterschiedlichen Alters wiederholt herausgestellt, dass es wegen des tonalen Charakters dieser Klicks offenbar mindestens zwei Möglichkeiten einer Fehlmessung der Ordnungsschwelle gibt:

– Die Testperson orientiert sich nicht an der Klickreihenfolge, sondern an einem von ihr wahrgenommenen Unterschied in der *Klangfarbe* der beiden Schallereignisse. Da mögliche technische Ursachen wie unterschiedliche Frequenzgänge der beiden Kopfhörersysteme oder eine Verpolung derselben ausgeschlossen wurden, dürften unterschiedliche Gehörgangsresonanzen der beiden Ohren der Testperson ursächlich sein. Reihenmessungen von Hörgeräteakustikern, die bei zahlreichen beidohrigen Hörgeräteanpassungen die Gehörgangsresonanzen beider Ohren durch In-situ-Messungen festgestellt und dokumentiert haben, lassen erkennen, dass unterschiedliche Gehörgangsresonanzen tatsächlich häufiger vorkommen.

– Die Testperson orientiert sich nicht an der Klickreihenfolge, sondern an einem von ihr vermeintlich wahrgenommenen Unterschied in der *Tonhöhe* der beiden Schallereignisse. Hier dürfte eine Diplacusis die Ursache sein, das heißt, die Testperson nimmt den oberwellenreichen Klick mit seiner Grundfrequenz von 500 Hertz tatsächlich auf beiden Ohren unterschiedlich hoch wahr und orientiert sich daran. Unter Diplacusis versteht man im engeren Sinn die Erscheinung, dass ein Mensch ein und denselben Ton über seine beiden Ohren doppelt, also in verschiedener Tonhöhe, wahrnimmt. Darüber hinaus haben Psychoakustiker, darunter G. van Brink und E. M. Burns (1982), jedoch festgestellt, dass die beiden Ohren *jedes Menschen* eine voneinander mehr oder weniger stark abweichende Tonhöhenempfindung haben, was ebenfalls als Diplacusis bezeichnet wird. Dieses Phänomen wird den zahlreichen von dieser Erscheinung betroffenen gesunden Menschen normalerweise weder bewusst noch stört es sie, weil alle Menschen ja fast ausnahmslos mit beiden Ohren *gleichzeitig* dasselbe hören, sodass dank ihrer *binauralen Fusion* die beiden unterschiedlichen Tonhöheneindrücke verschmelzen. Dies kann somit als Erklärung für die Angaben von zahlreichen Versuchspersonen gelten, die beiden – von den Ohren getrennt gehörten! – Klicks hätten eine unterschiedliche Tonhöhe, obwohl dies messtechnisch nachweislich nicht der Fall ist.

Da aber diese beiden Möglichkeiten als unbewusste oder sogar bewusste Ersatzstrategie beim Messen der Ordnungsschwelle unkontrolliert häufig vorkommen können, musste das Prinzip der bisherigen Methode der Ordnungsschwellenmessung unter Verwendung von Klicks, also von Rechteckimpulsen mit einer Dauer von einer Millisekunde, infrage gestellt werden. Denn es wäre zeitlich und vom Aufwand her bei jeder der inzwischen immer häufiger durchgeführten Messungen der Ordnungsschwelle weder zu vertreten, die Gehörgangsresonanzen beider Ohren der Versuchspersonen miteinander zu vergleichen, noch bei den betreffenden Versuchspersonen das Vorhandensein einer ausgeprägten binauralen Diplacusis festzustellen. Jede dieser beiden Messungen würde ein Vielfaches an Zeit gegenüber der in wenigen Minuten durchführbaren Ordnungsschwellenmessung erfordern.

Deshalb wurden die bewährten Methoden der auditiven Ordnungsschwellenmessung mittels zweier nacheinander angebotener Sinnesreize dadurch sicherer gemacht, dass anstelle der herkömmlichen Klicks, das heißt der Rechteckimpulse von je einer Millisekunde, geeignetere Reize verwendet werden, mit denen die beschriebenen Fehlmessungen bei einer recht großen Gruppe der Bevölkerung vermieden werden. Dazu werden anstelle der bisher benutzten beiden auditiven Sinnesreize mit je einem Schwingungszug von einer Millisekunde zwei kurze Bursts aus weißem Rauschen oder zwei Sweeps verwendet:

Als weißes Rauschen bezeichnen die Psychoakustiker eine Mischung aus sämtlichen Frequenzen, in ähnlicher Weise, wie in weißem Licht alle sichtbaren Farben enthalten sind. So hört der Proband bei der Wahl dieser Rauschbursts anstelle des Klicks einen tonal nicht identifizierbaren auditiven Sinnesreiz und kann die beiden erwähnten Ersatzstrategien nicht mehr einsetzen. Eine weitere Möglichkeit besteht in der Verwendung von so genannten »Sweeps«. Das sind Signale, die rasch einen ausgedehnteren Frequenzbereich durchlaufen und die deshalb ebenfalls keinen identifizierbaren tonalen Charakter mehr aufweisen. Für diese weitere Vervollkommnung des Ordnungsschwellen-Messverfahrens wurde das Deutsche Patent 197 19 989 erteilt. In der von Ihnen vielleicht bereits benutzen Datei »TAKT-2« und in allen Geräten zum Erheben und Trainieren der Ordnungsschwelle, die in diesem Buch beschrieben wurden, sind derartige Rauschbursts oder Sweeps verwendet worden.

■ Steckverbinder für externe Tasten

Bei den für die Privatsphäre entwickelten Geräten befinden sich die beiden Bestätigungstasten für *Rechts* und *Links* nur auf der Frontplatte in einem bedienungsgerechten Abstand. Vor allem mit Vorschulkindern oder stark motorisch behinderten Kindern oder mit Schlaganfall-Patienten arbeitende Therapeuten forderten daneben die Möglichkeit, abgesetzte und weit auseinander liegende Tasten zu verwenden. Deshalb sind beim Profigerät rechts und links am Gehäuse über stabile Buchsen entsprechende Anschlussmöglichkeiten für abgesetzte verschiedenfarbige Zusatztasten vorgesehen, die auch zum Lieferumfang des Geräts gehören.

■ Veränderbare Lautstärke

Die Standardlautstärke der Klicks, der Rauschbursts oder der Sweeps beträgt 90 dB(A). Das mag Ihnen in Erinnerung der Werte im Abschnitt »Die Reizüberflutung« gefährlich hoch scheinen. Tatsächlich aber besteht keinerlei Gefahr einer Gehörschädigung, weil wegen der kurzen Dauer der Sinnesreize die subjektiv erlebte und wirksame Lautstärke etwa 25 dB darunter liegt. Wenn dennoch bei den wissenschaftlichen Geräten die Lautstärke von 72–110 dB veränderbar ist, so ist dies vor allem im Interesse der breiteren Anwendbarkeit, aber auch mit Rücksicht auf das Messen der Ordnungsschwelle bei peripher hörbehinderten Probanden geschehen.

■ Computer-Interface

Serienmäßig ist das Profigerät mit einer Computer-Schnittstelle versehen. Sie besteht mit Rücksicht auf das Medizin-Produkte-Gesetz aus einer Flashcard, sodass die zahlreichen während eines Messvorgangs anfallenden Daten mit wenig Mühe später auf einen Desktop oder einen Laptop übertragen und ausgewertet werden können. Denken wir beispielsweise nur daran, dass es für eine wissenschaftliche Arbeit von Bedeutung ist, bei einem bestimmten Patienten festzustellen, ob er häufiger zu Fehlern neigt, wenn der erste Lichtblitz oder der erste Klick links oder rechts lag. Auch kann es wichtig sein zu rekonstruieren, ob der Proband auf dem Weg zu seinem Bestwert zwischendurch entweder häufiger Fehler gemacht oder schnurstracks und fehlerfrei zum Bestwert durchmarschiert ist. All dies lässt sich auf dem PC grafisch darstellen.

Wenn Sie bedenken, dass von der allerersten Vorrichtung nur zum Messen der Ordnungsschwelle trotz erheblicher Bemühungen des damaligen Herstellers nur ein einziges Gerät an Pöppel abgesetzt werden konnte, so spricht es für die Aufgeschlossenheit deutscher Wissenschaftler, Therapeuten und Laien, wenn zum Zeitpunkt des Erscheinens der dritten Auflage dieses Buches bereits Hunderte der vorstehend beschriebenen Profi-Ausführung und mehr als 20.000 handgehaltene Geräte zum Messen und Trainieren der Ordnungsschwelle und zahlreicher weiterer Low-Level-Funktionen im Einsatz sind.

■ Ausblick: Was können uns die Low-Level-Funktionen künftig bringen?

Sie haben als Leser einen Eindruck davon gewonnen, welche Bedeutung die Ordnungsschwelle und die anderen Low-Level-Funktionen schon jetzt für die zeitliche Verarbeitung vor allem von visuellen und auditiven Sinnesreizen haben.

Gewiss wird mit diesem Buch die Anzahl derer, die eine der beschriebenen Trainingsmöglichkeiten für die Low-Level-Funktionen nutzen, weiter anwachsen. Ich hoffe, dass sich Wissenschaftler und hoffentlich auch Politiker intensiv mit weiteren Auswirkungen der Reizüberflutung und mit den Möglichkeiten befassen werden, diese Auswirkungen durch eine Aufklärung der Öffentlichkeit und – nicht zuletzt – beispielsweise durch ein frühzeitiges Training der Low-Level-Funktionen zu mildern oder weitestgehend abzufangen.

Erste Schritte in dieser Richtung sind schon unternommen worden. Eine Schule für sprachbehinderte Kinder hat zunächst durch Messungen bestätigt gefunden, dass fast ausnahmslos alle Schüler eine erhebliche verlangsamte Ordnungsschwelle hatten. Der Weg der Genehmigung durch die Schulaufsichtsbehörden für die Anschaffung von Trainingsgeräten war dornenreich und langwierig, während die Geldmittel erfreulicherweise durch den Elternförderverein spontan zur Verfügung gestellt wurden. Erste Erfolge eines beschleunigten Aufbaus der Sprache bei den betroffenen Kindern – in Verbindung mit dem Lateral-Training – wurden bereits gemeldet.

Bei künftigen Führerscheinprüfungen könnten eine auditive und eine visuelle Ordnungsschwellenmessung im wohlverstandenen Interesse der Bewerber sein, um die Unfallhäufigkeit in der

Bundesrepublik zu verringern, wie es schon im Abschnitt »Die Ordnungsschwelle und der Alltag« angeklungen ist. Die normale Sehprüfung gehört ja ohnehin dazu. Jemand könnte einwenden, dass doch nach den Erläuterungen dieses Buches die Ordnungsschwelle situationsabhängig sei, unter dem Stress der Führerscheinprüfung also vielleicht ungebührlich ansteigen könnte. Dem kann ich entgegenhalten, dass der Stress einer unerwartet gefährlichen Verkehrssituation nach meinen Erfahrungen deutlich größer sein dürfte als der Stress in der Führerscheinprüfung! Wer also bereits bei der Führerscheinprüfung eine zu langsame Ordnungsschwelle zeigt, dürfte auch in echten Verkehrssituationen in ähnlicher Weise reagieren.

Ein Gebiet, an dem ich in Zukunft verstärkt arbeiten werde, ist die Verknüpfung der Ordnungsschwelle mit der Motorik, also mit Bewegungen der Hände, der Füße und des Körpers als *Reaktion auf Sinnesreize* im Hör- und im Sehbereich. Hier gibt es Hinweise von Therapeuten, die darauf hindeuten, dass Menschen mit verlangsamten Low-Level-Funktionen auch in ihrer Motorik unsicher und verlangsamt sind. Mein Ziel ist es hier ebenfalls, nicht Defizite zu beklagen, sondern durch geeignete Trainingsmaßnahmen Abhilfe zu schaffen. Zwei Schritte in dieser Richtung sind bereits die Wahl-Reaktions-Zeit und die auditiv-motorische Koordination als Spiele innerhalb des für diese Zwecke entwickelten Gerätes.

Abschließend darf ich meine Bitte an alle Leser wiederholen, mir von ihren Erfahrungen mit der Ordnungsschwelle und den anderen hier beschriebenen Low-Level-Funktionen zu berichten. Dafür danke ich Ihnen im Voraus!

◼ Lösungen: Ihr Low-Level-Profil

Tabelle 6: Ein Fehler bei höheren Werten, dem wenigstens drei richtige Antworten folgen, darf als Flüchtigkeitsfehler angesehen werden. Für die Bewertung dieser Ergebnisse gilt das beim ersten Test Gesagte bezüglich der Selbsttäuschung bei Wiederholung des Tests durch dieselbe Person und der Verschlechterung der Ergebnisse mit zunehmendem Lebensalter.

TAKT-1		TAKT-2		TAKT-3		TAKT-4		TAKT-5	TAKT-6		TAKT-7		TAKT-8	
Ordnungsschwelle				Richtungshören		Tonhöhenunterscheidung		Synchrones Finger-Tapping	Wahl-Reaktions-Zeit		Frequenz-Muster-Test		Zeit-Muster-Test	
visuell		auditiv												
ms		ms		µs		%		ms	#		ms		ms	
400	L	400	L	280	R	38	2	300	1	R	200	3	200	1
360	L	360	R	240	L	36	1	295	2	R	180	3	180	3
320	R	320	R	200	L	34	1	290	3	L	160	2	160	2
280	L	280	L	180	L	32	2	285	4	L	140	1	140	3
240	R	240	L	160	R	30	2	280	5	L	120	3	120	1
200	R	200	R	140	L	28	1	275	6	R	100	3	100	2
180	L	180	L	120	R	26	2	270	7	L	90	2	90	3
160	R	160	R	100	R	24	1	265	8	R	80	1	80	2
140	L	140	R	90	R	22	2	260	9	L	75	3	75	1
120	L	120	R	80	L	20	2	255	10	L	70	2	70	3
100	R	100	L	75	L	18	2	250	11	R	65	3	65	2
90	R	90	R	70	L	16	1	245	12	R	60	3	60	3

TAKT-1		TAKT-2		TAKT-3		TAKT-4		TAKT-5	TAKT-6		TAKT-7		TAKT-8	
Ordnungsschwelle				Richtungshören		Tonhöhenunterscheidung		Synchrones Finger-Tapping	Wahl-Reaktions-Zeit		Frequenz-Muster-Test		Zeit-Muster-Test	
visuell		auditiv												
ms		ms		µs		%		ms	#		ms		ms	
80	R	80	L	65	R	14	2	240	13	L	55	2	55	2
75	L	75	L	60	R	12	2	235	14	L	50	3	50	3
70	R	70	R	55	L	10	1	230	15	L	46	2	46	1
65	L	65	L	50	R	9	2	225	16	R	42	1	42	3
60	R	60	R	46	L	8	2	220	17	L	38	3	38	1
55	L	55	R	42	R	7	1	215	18	R	34	2	34	3
50	L	50	L	38	L	6	1	210	19	L	30	3	30	2
46	R	46	L	34	L	5	1	205	20	L	28	2	28	1
42	R	42	L	30	R	4	2	200	21	L	26	3	26	1
38	L	38	R	28	R	3	2	195	22	R	24	1	24	3
34	R	34	L	26	L	2	1	190	23	L	22	3	22	3
30	L	30	R	24	L	1	2	185	24	R	20	3	20	2

■ Weiterführende Literatur

Badian, N. H. (1977): Manual asymmetries of motor sequencing in boys with reading disability. Cortex 13 (4): 343–349.

Bertoncini, P. (1988): Perceptual representations of young infants. Journal of Applied Psychology General. 117 (1): 21–33.

Berwanger, D.; Suchodoletz, W. v. (2004): Erprobung eines Zeitverarbeitungstrainings bei Kindern mit Lese-Rechtschreibschwierigkeiten. Zeitschr. Kinder Jugendpsychiatr. Psychother. 32 (2): 77–84.

Biscaldi, M. (1994): Saccadic eye movements of dyslexic and normal reading children. Perception 23: 45–64.

Blauert, J. (1983): Spatial hearing: the psychophysics of human sound localization. Cambridge, MA.

Breitmeyer, B. G. (1993): The roles of sustained (P) and transient (M) channels in reading and reading disability. In: Wright, S. F.; Groner, R. (Hg.): Facets of dyslexia and its remediation. Amsterdam, S. 13–31.

Brink, G. (1976): Dichotic pitch fusion. Journal of the Acoustic Society of America 59 (6): 1471–1476.

Bruck, M. (1988): The word recognition and spelling of dyslexic children. Reading Research Quarterly XXIII/I: 51–69.

Burns, E. M. (1982): Pure-tone pitch anomalies. Journal of the Acoustic Society of America 72 (5): 1394–1402.

Cheour-Luhtanen, M. (1996): The ontogenetically earliest discriminative response of the human brain. Psychophysiology 33(4): 478–481.

Dennison, P. E.; Dennison, G. (2002): Brain-Gym. 14. Aufl. Freiburg.

Fawcett, A. J. (1994): Naming speed in children with dyslexia. Journal of Learning Disabilities 27: 641–646.

Fiedler, P.; Standop, R. (1994): Stottern. 4. Aufl. Weinheim.

Fuchs, T. (1998): Aufmerksamkeit und Neurofeedback. Evaluation eines psychophysiologischen EEG-Biofeedback-Behandlungsprogramms bei Aufmerksamkeitsstörungen im Kindesalter. Tübingen, Dissertation.

Gnad, C. D. (1997): Das Hörverstehen fördern. Die Grundschule Heft 10. Braunschweig.

Gravel, J. S. (1996): Auditory consequences of early mild hearing loss associated with otitis media. Acta Otolaryngol. Stockh. 116(2): 216–221.

Helfrich, H. (1996): Time and mind. Göttingen.

Hynd, G. W. (1995): Dyslexia and corpus callosum morphology. Arch. Neurol. 52(1): 32–8.

Ilmberger, J. (1986): Auditory excitability cycles in choice reaction time and order threshold. Naturwissenschaften 73: 743–744.

Jusczyk, P. W. (1997): Infants' memory for spoken words. Science 277.

Kegel, G.; Tramitz, C (1991): Olaf, Kind ohne Sprache. Opladen.

Kegel, G.; Tramitz, C (1993): Olaf, Kind ohne Sprache. Düsseldorf.

Klicpera, C. (1981): Bimanual coordination in adolescent boys with reading retardation. Developmental Medicine and Child Neurology 23 (5): 617–625.

Küspert, P.; Schneider, W. (2003): Hören – lauschen – lernen. 4. Aufl. Göttingen.

Marchbanks, G. (1965): Cues by which children recognize words. Journal of Educational Psychology 56 (2): 57–61.

Moser, S. (1995): Zeitverarbeitung und Sprachstörung. Magisterarbeit an der Ludwig-Maximilians-Universität, München.

Mottier, G. (1974): Akustische Differenzierungs- und Merkfähigkeitsüberprüfung. Die psychologische Untersuchung zur Erfassung des Legasthenikers, Zürcher Lesetest. Bern.

Nadolny, S. (1983): Die Entdeckung der Langsamkeit. München.

Nicolson, R. I. (1993): Children with dyslexia automize temporal skills more slowly, temporal processing in the nervous system – special reference to dyslexia and dysphasia. Annals of the New York Academy of Sciences 682: 390–392.

Nicolson, R. I. (1994): Reaction times and dyslexia. Quarterly Journal of Experimental Psychology 47(1): 29–48.

Njiokiktjien, C. (1991): The child's corpus callosum. Amsterdam.

Pestalozzi, D. (1988): Prismenverordnung bei Legasthenie. Vortrag in

Weiterführende Literatur

Egerkingen/Schweiz am 12. Juni 1988 vor der Internationalen Vereinigung für Binokulare Vollkorrektion.

Pestalozzi, D. (1988): Über die Behandlung von heterophoren Legasthenikern mit Fixationsdisparation mittels Prismenvollkorrektion. Klinisches Mitteilungsblatt für Augenheilkunde 188: 471–473.

Plath, P. (1994): Zentrale Hörstörungen. Dortmund (Schriftenreihe GEERS-Stiftung Bd. 10).

Pöppel, E. (1990): Stimulus anticipation in following rhythmic acoustical patterns by tapping. Experientia 46(7): 762–763.

Pöppel, E. (1997): Grenzen des Bewusstseins. Frankfurt a. M., S. 9–42.

Pöthko-Müller, C. (2005): www.swr.de/report/archiv/sendungen/ 050110/04/frames.html

Ptok, M. (2000): Auditive Verarbeitungs- und Wahrnehmungsstörungen und Legasthenie. Hessisches Ärzteblatt 2/2000.

Querleu, D. (1988): Fetal hearing. European Journal of Obstetrics & Gynecology & Reproductive Biology 29: 191–212.

Rack, J. P. (1992): The nonword reading deficit in developmental dyslexia. Reading Research Quarterly 27 (1): 29–54.

Saffran, J. R. (1996): Statistical learning by 8-month-old infants. Science 274.

Scheerer-Neumann, G. (1981): The utilization of intraword structure in poor readers. Psychological Research 43: 155–178.

Schneider, W.; Küspert, P. (1998): Kurz- und langfristige Effekte eines Trainings der sprachlichen (phonologischen) Bewusstheit bei unterschiedlichen Leistungsgruppen. Zeitschrift für Entwicklungspsychologie und Pädagogische Psychologie 30 (1).

Schönwälder, H.-G.; Berndt, J.; Ströver, F.; Tiesler, G. (2004): Lärm in Bildungsstätten – Ursachen und Minderung. Forschungsberichte der Bundesanstalt für Arbeitsschutz und Arbeitsmedizin Dortmund. FB1030. Bremerhaven.

Schulz, M. (1994): Ordnungsschwelle und Lese-Rechtschreib-Schwäche. Diplomarbeit, FH Hannover.

Sellin, B. (1995): Ich will kein Inmich mehr sein. Köln.

Skinner, B. F. (1953): Science und human behavior. New York.

Sperry, R. W. (1966): Brain bisection and consciousness. In: Eccles, J.: Brain and conscious experience. New York.

Steinbüchel, N. (1991): Selective improvement of auditory order threshold in aphasic patients. International Journal of Psychophysiology. 11: 78.

Sternberg, R. J. (1999): Successful intelligence: finding a balance. Trends in Cognitive Sciences 3: 436–442.

Summerfield, B. (1993): Processing of tactile stimuli and implications for the reading disabled. Neuropsychologia 31(9): 965–76.

Tallal, P. (1973): Defects of non-verbal auditory perception in children with developmental aphasia. Nature 241: 468–469.

Tallal, P. (1989): Unexpected sex-ratios in families of language/learning-impaired children. Neuropsychologia 27(7): 987–998.

Tallal, P. (1991): The Neuropathology of developmental dysphasia: behavioral, morphological and physiological evidence for a pervasive temporal processing disorder. Reading and Writing 3: 363–377.

Tallal, P. (1993): Temporal processing in the nervous system – special reference to dyslexia and dysphasia. Annals of the New York Academy of Sciences 682: 442.

Tallal, P. (1996): Language comprehension in language-learning impaired children improved with acoustically modified speech. Science 271: 81–84.

Tremblay, K. L.; Piskosz, M.; Souza, P. (2002): Aging alters the neural representation of speech cues. Neuroreport. 13 (15): 1865–1870.

Veit, S. E. (1995): Sprachentwicklung, Sprachauffälligkeit und Zeitverarbeitung – eine Longitudinalstudie. Dissertation an der Ludwig-Maximilians-Universität zu München.

Warnke, F. (1991): Vorrichtung zur Verbesserung der Hirn-Hemisphären-Koordination. Deutsches Bundespatent 39 39 401.

Warnke, F. (1992): CD Dyslexie und Hör-Lateralität. Freiburg.

Warnke, F. (1994): Verfahren und Vorrichtung zum Training der menschlichen Ordnungsschwelle. Deutsches Bundespatent 43 18 336.

Warnke, F. (1995): Der Takt des Gehirns. Freiburg.

Warnke, F. (1998): Was Hänschen nicht hört . . . Elternratgeber Lese-Rechtschreib-Schwäche. 3. Aufl. Freiburg.

Weissenborn, J. (1998): Children's sensitivity to word-order violations in German: evidence for very early parameter setting. 22nd Annual Boston University Conference on Language Development.

Williams, D. (1994a): Ich könnte verschwinden, wenn du mich berührst. Erinnerungen an eine autistische Kindheit. München.

Weiterführende Literatur

Williams, D. (1994b): Wenn du mich liebst, bleibst du mir fern. Eine Autistin überwindet ihre Angst vor anderen Menschen. Hamburg.

Willot, J. (1996): Auditory system plasticity in the adult C57BL/6J mouse. In: Salvi, R.; Henderson, D. H.; Coletti, V.; Fiorino, F. (Hg.): Auditory Plasticity and Regeneration. New York, S. 297–316.

Wolff, P. H. (1984): Impaired motor timing control in specific reading redardation. Neuropsychologia 22 (5): 587–600.

Wolff, P. H. (1993): Impaired temporal resolution in developmental dyslexia. Annals of the New York Academy of Sciences 682.

Zwicker, E. (1990): Psychoacoustics, facts and models. Berlin.

Wenn Sie weiterlesen möchten ...

Margarete Imhof
Zuhören
Psychologische Aspekte auditiver Informationsverarbeitung
Edition Zuhören, Band 4. 2003. 254 Seiten mit 11 Abb. und 3 Tab., kartoniert
ISBN 3-525-48004-0

Das Buch geht den Bedingungen und Funktionen des Zuhörens nach, das als aktiv zu erlernende Sprachfertigkeit grundlegend für die menschliche Kommunikation ist.

Gilbert Lelord /
Aribert Rothenberger
Dem Autismus auf der Spur
Verstehen, erklären, behandeln – ein Lesebuch
2. Auflage 2004. 164 Seiten, kartoniert
ISBN 3-525-01459-7

Das Buch beleuchtet einfühlsam die Psyche autistischer Kinder und stellt auf leicht verständliche Weise das Krankheitsverständnis und die Behandlungsmöglichkeiten vor.

Timon Bruns / Nina Praun
Biofeedback
Ein Handbuch für die therapeutische Praxis
2002. 189 Seiten mit 32 Abb. und 15 Tab., kartoniert
ISBN 3-525-46160-7

Die im deutschsprachigen Raum bislang nur von wenigen Praktikern systematisch eingesetzte psychophysiologische Methode soll durch dieses Handbuch mehr Aufmerksamkeit und Verbreitung finden.

Petra Küspert /
Wolfgang Schneider
Hören, lauschen, lernen
Sprachspiele für Kinder im Vorschulalter.
Würzburger Trainingsprogramm zur Vorbereitung auf den Erwerb der Schriftsprache

Arbeitsbuch
4. Auflage 2003. 57 Seiten, kartoniert
ISBN 3-525-45835-5

Arbeitsmaterial
73 Bildkarten in Faltbox
ISBN 3-525-45840-1

Arbeitsbuch und -material zusammen
ISBN 3-525-45841-X

Ellen Plume /
Wolfgang Schneider
Hören, lauschen, lernen 2
Spiele mit Buchstaben und Lauten für Kinder im Vorschulalter.
Würzburger Buchstaben-Laut-Training

Arbeitsbuch
2004. 32 Seiten mit zahlreichen Abbildungen, kartoniert
ISBN 3-525-46189-5

Arbeitsmaterial
Box mit Buchstabenkarten, Bild- und Memory-Karten, Haptischen Buchstabenkarten, Dominokarten und Buchstabenwürfeln
ISBN 3-525-46190-9

Arbeitsbuch und -material zusammen
ISBN 3-525-46191-7

Neugierig geworden?

Hiermit trainieren Sie ...

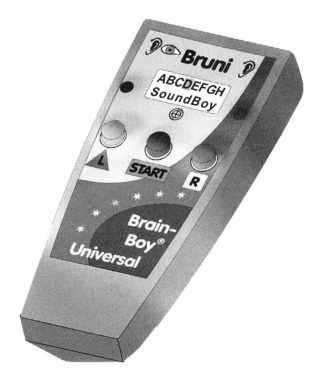

Hier erfahren Sie mehr ...

Langer Acker 7
D-30900 Wedemark
Tel.: +49-(0)5130-97778-0
Fax: +49-(0)5130-97778-22
Email: service@meditech.de

Live ausprobieren?
www.brainboy.de

Gerald Hüther bei V&R

Die Macht der inneren Bilder
Wie Visionen das Gehirn, den Menschen und die Welt verändern
2. Auflage 2005. 137 Seiten, kartoniert
ISBN 3-525-46213-1

Eingängig und mit gewohnter Leichtigkeit seiner Sprache eröffnet uns Gerald Hüther eine faszinierende Welt: die der inneren Bilder und ihrer Kraft in unserem Leben.

Bedienungsanleitung für ein menschliches Gehirn
5. Auflage 2005. 139 Seiten, kartoniert
ISBN 3-525-01464-3

Der renommierte Hirnforscher Gerald Hüther übersetzt die neuesten, faszinierenden Erkenntnisse der Neurobiologie in eine verständliche Sprache und zeigt dem Leser auf, wie er konkret für sein eigenes Leben daraus profitieren kann.

Biologie der Angst
Wie aus Stress Gefühle werden
7. Aufl. 2005. 130 Seiten, kartoniert
ISBN 3-525-01439-2

Hüther führt die neuesten Erkenntnisse über die biologische Funktion der Stressreaktionen im Gehirn zu überraschenden Einsichten über die Herausbildung emotionaler Grundmuster wie Vertrauen, Glaube, Liebe, Abhängigkeit, Hass und Aggression.

»Wissenschaftler wie Hüther sorgen mit neuen Erkenntnissen und Theorien für Bewegung in der Stressforschung.« *Stern*

Wie aus Stress Gefühle werden
Betrachtungen eines Hirnforschers
Photographien von Rolf Menge.
3. Auflage 2005. 76 Seiten mit 26 Farbfotos und 2 s/w Fotos, gebunden
ISBN 3-525-45838-X

Die Kernaussagen von Gerald Hüthers erfolgreichem Buch *Biologie der Angst* und die ruhige Art seiner Argumentation werden in diesem Band zusammengeführt mit meisterhaften Fotografien.

Das Buch lädt ein zur Konzentration wie auch zur Abschweifung, vor allem zum Dialog mit einem hellen Gedankengebäude.

Die Evolution der Liebe
Was Darwin bereits ahnte und die Darwinisten nicht wahrhaben wollen
3., durchgesehene Auflage 2003. 104 Seiten, kartoniert
ISBN 3-525-01452-X

Falls es der Wissenschaft vom Leben gelingt, ihre analytische, zerspaltene Denkweise durch eine Gesamtschau zu ersetzen, könnte aus dem Prinzip der Konkurrenz eine Biologie der Liebe werden.

V&R
Vandenhoeck & Ruprecht